AF473032

LE GÉOGRAPHE

DE SEPT ANS,

PETIT MANUEL GÉOGRAPHIQUE

DE L'ENFANCE.

AVIS.

On vient de mettre en vente chez le même Libraire, et chez l'auteur, boulevart St.-Antoine, n°. 71, à Paris, le *Nouveau Dictionnaire portatif de la langue françoise*, rédigé d'après le dictionnaire de l'Académie et les meilleurs grammairiens; par Charles-Constant LETELLIER, professeur de belles-lettres, 1 vol. in-8°. de 800 pages.

Ce dictionnaire donne la prononciation des mots, lorsqu'elle s'écarte de l'usage ordinaire : il indique la formation du pluriel, dans les cas d'exception ; il fait connoître par des définitions claires et précises, le sens propre des mots, et l'emploi qu'on en fait au figuré; des exemples courts et choisis rendent les diverses acceptions plus claires. Il facilite singulièrement la conjugaison des verbes, en donnant les temps qui présentent quelques difficultés ou quelques irrégularités, comme dans les verbes dont l'infinitif est en *ier* ou *yer*, etc.; et ceux que les grammairiens appellent *défectueux*. L'auteur a exposé les règles grammaticales et la solution des difficultés, à chaque mot qui en fournit l'occasion, comme aux mots *quelque que*, *tout*. etc. On a élagué de cet ouvrage, tous les termes dont il faut éviter de se servir dans la société, et qui offrent des idées obscènes. Enfin, on a mis, au commencement, une instruction très-détaillée sur la conjugaison des verbes, un traité de la *proposition*, et une méthode d'analyse grammaticale et logique.

LE GÉOGRAPHE

DE SEPT ANS;

OU

PETIT MANUEL GÉOGRAPHIQUE

DE L'ENFANCE,

CONTENANT la définition des principaux termes de Géographie, la division de la terre; des notions générales sur les quatre parties du monde; la division de la France en 131 départements, l'ancienne division en provinces; la division des autres États de l'Europe; celle des principaux États de l'Asie, de l'Afrique et de l'Amérique; les villes capitales de ces États; les rivières et fleuves sur lesquels elles sont situées; le cours des fleuves et des rivières les plus considérables de l'Empire françois; la nomenclature des ports de mer de cet empire; et deux petits voyages sur la carte de France.

PARIS,

Chez { LE PRIEUR, Libraire, rue des Noyers, n°. 45.
L'auteur, CH.-CONSTANT LE TELLIER, Boulevart St.-Antoine, n°. 71.

1811.

LE GÉOGRAPHE
DE SEPT ANS;
OU
PETIT MANUEL GÉOGRAPHIQUE
DE L'ENFANCE.

D. Qu'est-ce que la Géographie?

R. C'est la *description de la terre.*

D. Quelle est la figure de la terre?

R. Elle est ronde. C'est pour cela qu'on la représente par un globe, une boule.

D. Qu'est-ce que comprend la terre?

R. Elle comprend l'*ancien monde*, ainsi appelé, parce qu'il a toujours été connu, et le *nouveau monde*, que nous ne connoissons que depuis environ trois siècles. Il a été découvert en 1492 par Christophe Colomb, et porte le nom d'*Amérique*.

D. Quelles sont les grandes parties que renferme l'ancien monde?

R. Ce sont l'Europe, l'Asie et l'Afrique.

D. Le monde entier renferme donc quatre grandes parties?

R. Oui. Ce sont l'Europe, l'Asie, l'Afrique et l'Amérique. On regarde aujourd'hui la *Nouvelle-Hollande* comme une cinquième partie de la terre.

D. Peut-on parcourir à pied toute la surface de la terre?

R. Non; la surface de la terre est interrompue par les eaux qui portent le nom d'*Océan* dans l'ancien monde, et celui de *Mer* dans le nouveau monde.

D. Comment se divise l'océan?

R. L'océan se divise en quatre grandes parties qui prennent leurs noms des quatre points cardinaux auxquels elles correspondent; ce sont l'océan *septentrional*, l'océan *oriental*, l'océan *méridional* et l'océan *occidental*.

D. Comment se divise la mer?

R. Elle se divise en *mer du Nord*, qui baigne la partie orientale de l'Amérique;

et *mer du Sud* ou *Pacifique*, qui sépare l'Asie de l'Amérique, et baigne la partie occidentale de l'Amérique.

D. Quels sont les termes particuliers dont on se sert en Géographie?

R. Les termes particuliers que l'on emploie en Géographie, regardent ou la terre ou l'eau. Ceux qui se rapportent à la terre, sont le *continent*, l'*île*, la *presqu'île*, l'*isthme*, la *côte*, le *cap*, la *montagne* et le *volcan*.

D. Qu'est-ce qu'un continent?

R. Un *continent* est une vaste étendue de terre qui n'est interrompue par aucune mer.

D. Qu'est-ce que vous appelez île?

R. On appelle *île* un espace de terre entouré d'eau de tout côté.

D. Et qu'appelle-t-on presqu'île?

R. Une *presqu'île* ou *péninsule* est une étendue de terre entourée d'eau, et qui tient au continent par un endroit.

D. Qu'est-ce qu'un *isthme*?

R. Un *isthme* est une langue de terre qui joint deux terres, et qui sépare deux mers.

D. Qu'est-ce qu'on appelle côte?

R. On appelle *côte* la partie de la terre, qui borde la mer.

D. Et qu'appelez-vous cap?

R. On nomme *cap* ou *promontoire*, une pointe de terre élevée qui s'avance dans la mer.

D. Qu'est-ce qu'une montagne?

R. Une *montagne* est une grande masse de terre ou de roche fort élevée au-dessus du reste de la surface de la terre.

D. Que nomme-t-on volcan?

R. On nomme *volcan* un gouffre qui s'ouvre dans la terre, et plus ordinairement sur les montagnes, et dont il sort de temps en temps des tourbillons de feu et des matières embrasées.

D. Quels sont les termes particuliers par lesquels on désigne, en géographie, les différentes parties de l'*eau*?

R. Ce sont ceux de *détroit*, *golfe*, *rade*, *archipel*, *lac*, *rivière* et *fleuve*.

D. Qu'est-ce qu'un détroit?

R. On appelle *détroit* un endroit où la mer est serrée entre deux terres.

D. Et qu'appelle-t-on golfe?

R. Un *golfe* est une partie de mer qui entre, qui avance dans les terres.

D. Que nomme-t-on rade?

R. La *rade* est une certaine étendue de mer proche des côtes, qui n'est point enfermée, mais qui est à l'abri de certains vents, et où les vaisseaux peuvent tenir à l'ancre.

D. Qu'est-ce qu'un archipel?

R. Un *archipel* est une étendue de mer entrecoupée de plusieurs îles. On appelle particulièrement *Archipel*, ce que les anciens appeloient *la mer Egée*.

D. Qu'est-ce qu'un lac?

R. Les *lacs* sont de grands amas d'eaux dormantes,

D. Qu'appelle-t-on rivières?

R. Les *rivières* sont des eaux de source qui coulent dans un lit, dans un canal d'une certaine étendue, et qui tombent dans d'autres rivières ou dans des fleuves.

D. Qu'est-ce qu'on appelle fleuves?

R. Les *fleuves* sont aussi des assemblages d'eau courante, mais plus considérables que les rivières, et qui vont se perdre dans la mer.

D. Comment s'appelle l'endroit où un fleuve se jette dans la mer?

R. Il se nomme embouchure. L'endroit où une rivière tombe dans un fleuve, s'appelle *confluent.*

D. Que nomme-t-on la droite ou la gauche d'une rivière ou d'un fleuve?

R. On appelle la *droite* ou la *gauche* d'un fleuve, le côté de son lit qui est à la droite ou à la gauche d'une personne qui le descend.

D. Qu'est-ce que les *cartes géographiques* (1)?

R. Ce sont de grandes feuilles de papier

(1) Je crois devoir recommander ici l'usage des cartes *muettes*. Les Élèves, en étudiant, cherchent la position des lieux sur la carte écrite; ils reconnoissent ensuite cette même position sur la carte muette. Dans les répétitions, on ne leur permet de se servir que de cartes muettes. Cette méthode est très-utile. Elle fixe mieux dans l'esprit les diverses positions. Aux exercices publics, elle plaît beaucoup aux parents.... Les cinq grandes cartes *muettes* et la carte de France, se trouvent à Paris chez M. *Dézauche*, rue des Noyers, n°. 40.

qui servent à représenter les différentes parties du globe de la terre.

D. Combien distingue-t-on de sortes de cartes géographiques ?

R. On en distingue de deux sortes ; les cartes générales et les cartes particulières.

Les cartes *générales* sont celles qui représentent ou le globe entier de la terre, ou l'une de ses quatre grandes parties.

Les cartes *particulières* sont celles qui représentent un pays, un état particulier.

D. Qu'est-ce que la mappemonde ?

R. On appelle *mappemonde* la carte qui représente les deux moitiés du globe terrestre. Chacune de ces moitiés du globe se nomme *hémisphère*.

D. Quels sont les quatre points cardinaux ?

R. Ce sont le *nord* ou *septentrion* ; le *sud* ou *midi* ; l'*est* ou l'*orient* ; et l'*ouest* ou l'*occident*.

D. Où les quatre points cardinaux sont-ils placés sur les cartes géographiques ?

R. Le *nord* est en haut ; le *sud* en bas ; l'*est* à droite ; et l'*ouest* à gauche.

D. Comment reconnoît-on les quatre points cardinaux, lorsqu'on est dans un jardin, dans un lieu quelconque?

R. Il faut se tourner du côté où l'on voit le soleil à midi. Alors, on a devant soi le *sud*; derrière soi le *nord*; à droite l'*ouest*; et à gauche l'*est*. C'est ce qu'on appelle s'*orienter*.

DE L'EUROPE.

D. Quelle est l'étendue de l'Europe?

R. L'*Europe* est la plus petite, mais la plus belle, la plus fertile et la plus civilisée des quatre parties de la terre. Elle est bornée au N. par la mer Glaciale; au S. par la Méditerranée qui la sépare de l'Afrique; à l'O. par l'Océan atlantique qui la sépare de l'Amérique; et à l'E. par l'Asie dont elle est séparée par des mers, des fleuves et des montagnes.

D. Quelles sont les mers intérieures de l'Europe?

R. Ce sont la mer *Blanche*, la mer *Baltique*, la mer *Noire*, ainsi nommée de ce qu'elle est sujette aux orages; (c'est l'ancien *Pont-Euxin*); la mer de *Marmara*, que les anciens appeloient *Propontide*; et la mer d'*Azovv* ou de *Zabache*, autrefois appelée *Palus-Méotides*.

D. Quelles sont les principales îles de l'Europe.

R. Ce sont, dans l'Océan, la *Grande-Bretagne*, l'*Irlande*, les *Westernes* ou *Hébrides*, les *Orcades*, l'*Islande*, les îles de *Féro*, etc. Dans la mer Baltique, les îles de *Séeland* et de *Fionie*; dans la Méditerranée, de l'O. à l'E., *Ivica*, *Majorque*, *Minorque*, la *Corse*, la *Sardaigne*, la *Sicile*, *Malte*, *Candie*, autrefois *Crète*, où fut élevé *Jupiter*, etc.

D. Quelles sont les presqu'îles les plus remarquables de l'Europe?

R. Ce sont le *Jutland*, qui fait partie du Danemarck: (c'est la *Chersonèse Cimbrique* des anciens); l'*Espagne* jointe au *Portugal*; la *Suède* jointe à la *Norwège*; l'*Italie*; la *Morée*, au S. de la Turquie; et la *Crimée*, au S. de la petite Tartarie.

D. Quels sont les principaux caps de l'Europe ?

R. Ce sont le *Cap-Nord*, au N. de la Norwège; le cap *Finistère*, au N. O. de l'Espagne ; le cap *Saint-Vincent*, au S. O. du Portugal ; et le cap *Matapan*, au S. de la Morée.

D. Quelles sont les montagnes les plus considérables de l'Europe ?

R. Ce sont les monts *Kamennoy Poyas*, qui séparent la Russie d'Europe de celle d'Asie; les monts *Krapacks*, au N. de la Hongrie ; les *Dophrines*, entre la Norwège et la Suède; les *Pyrénées*, entre la France et l'Espagne ; les *Alpes*, entre la France, la Suisse et l'Italie; et l'*Apennin* qui traverse l'Italie.

D. Quels sont les principaux *volcans* de l'Europe?

R. Ce sont : le mont *Hécla*, en Islande; le mont *Etna* ou *Gibel*, en Sicile; et le mont *Vésuve*, près de Naples.

D. Quels sont les détroits les plus remarquables de l'Europe?

R. Ce sont : le *Sund*, entre le Danemarck et la Suède; le *canal de St.-Georges*, entre l'Angleterre et l'Irlande; le *Pas-de-Calais*, entre la France et l'Angleterre; le détroit de *Gibraltar*, entre l'Europe et l'Afrique; le *Phare de Messine*, entre la Sicile et l'Italie; et le détroit des *Dardanelles* ou de *Gallipoli*, qui joint la mer de Marmara à l'Archipel : (c'est l'*Hellespont* des anciens.)

D. Quels sont les principaux *golfes* de l'Europe?

R. Ce sont : dans la Baltique, le golfe de *Bothnie* et celui de *Finlande*; dans l'Océan, le golfe de *Murray*, au N. E. de l'Ecosse; le golfe de *Gascogne*, le long d'une partie des côtes occidentales de la France; le golfe de *Lyon*, au S. de la France; le golfe de *Gênes*, au S. E. de la France; et le golfe de *Venise*, entre l'Italie et la Turquie d'Europe : on l'appelle aussi *golfe Adriatique*.

D. Quels sont les grands *lacs* de l'Europe?

R. Ce sont ceux de *Ladoga*, d'*Onéga* et

de *Peipus*, en Russie; le lac *Méler*, en Suède; le lac de *Genève*, à l'E. de la France; et le lac de *Constance*, entre la Suisse et la Confédération du Rhin.

D. Quels sont les fleuves et les rivières les plus considérables de l'Europe?

R. Ce sont:

En Russie, les deux rivières de *Dwina*, dont l'une se jette dans la mer Blanche, et l'autre dans la mer Baltique; la *Néva*, qui sort du lac Ladoga, passe à St.-Pétersbourg et se perd dans le golfe de Finlande; le *Dniéper* ou *Borysthène*, qui tombe dans la mer Noire; le *Dniester*, qui se jette aussi dans la même mer; le *Don* ou *Tanaïs*, qui a son embouchure dans la mer d'Azow; et le *Wolga*, qui se rend dans la mer Caspienne, en Asie.

En Angleterre, la *Tamise*, qui se perd dans la mer d'Allemagne.

En France, la *Seine*, qui se jette dans la Manche; la *Loire* et la *Garonne*, qui portent leurs eaux à l'Océan; le *Rhône*, qui se rend dans la Méditerranée; l'*Escaut* et le

Rhin, qui se jettent dans la mer d'Allemagne.

Dans le grand-duché de Varsovie, la *Vistule*, qui tombe dans la mer Baltique.

En Allemagne, le *Danube*, qui a son embouchure dans la mer Noire; le *Weser* et l'*Elbe*, qui se rendent dans la mer d'Allemagne; et l'*Oder*, qui se perd dans la Baltique.

En Espagne, l'*Ebre*, qui a son embouchure dans la Méditerranée; le *Douro*, le *Tage*, le *Guadiana* et le *Guadalquivir*, qui se déchargent dans l'Océan. Le Douro et le Tage traversent aussi le Portugal.

En Italie, le *Pô* et l'*Adige*, qui tombent dans le golfe de Venise; l'*Arno* et le *Tibre*, qui se perdent dans la Méditerranée.

D. Comment se divise l'Europe?

R. En treize grandes parties; savoir: quatre au nord; cinq au milieu; et quatre au sud.

Les quatre grandes parties du N. sont les îles Britanniques, le Danemarck, la Suède et la Russie.

Les cinq du milieu sont la France, la Suisse, la Confédération du Rhin, l'Autriche et la Prusse.

Les quatre du midi sont le Portugal, l'Espagne, l'Italie et la Turquie.

LA FRANCE.

D. Quelles sont les bornes de la France?

R. La France est bornée au N. par la Manche, le Pas de Calais, et la mer d'Allemagne; à l'E. par le Rhin qui la sépare des Etats confédérés du Rhin, par la Suisse et l'Italie; au S., par la Méditerranée et les Pyrénées qui la séparent de l'Espagne; et à l'O., par le grand Océan. Elle a en outre des possessions au-delà des mers.

D. Comment se divise le territoire de la France?

R. Le territoire de la France se divise en portions à peu près égales, que l'on appelle *départements*. Les départements sont administrés par un *préfet;* ils se subdivisent en arrondissements communaux dans chacun desquels il y a un *sous-préfet*.

D. Combien comptons-nous aujourd'hui de départements ?

R. Nous en comptons 131. Pour retenir plus aisément leur situation, nous les partageons en 7 grandes divisions ; savoir : la division du Nord, celle de l'Est, celle du Sud, celle de l'Ouest, celle du centre, celle d'au-delà des monts, et celle d'au-delà des mers.

D. Combien chacune de ces divisions comprend-elle de départements ?

R. La division du Nord en comprend 29 ; celle de l'E. 18 ; celle du S. 33 ; celle de l'O. 17 ; celle du centre 18 ; celle d'au-delà des monts 14 ; celle d'au-delà des mers 2, sans comprendre les colonies françoises.

D. Faites-nous connoître ces départements, quelles villes en sont les chefs-lieux, et quelle est la situation de ces villes ?

R. Les voici :

Division du Nord.

DÉPARTEMENTS.	CHEFS-LIEUX.
Somme.	Amiens,
Pas-de-Calais.	Arras,
Nord.	Lille,
Lys.	Bruges,
Escaut.	Gand,
Bouches-de-l'Escaut.	Middelbourg,
Bouches-de-la-Meuse.	La Haye,
Zuyderzée.	Amsterdam,
Frise.	Leuwarde,
Ems occidental.	Groningue,
Ems oriental.	Aurich,
Bouches-du-Weser.	Brême,
Bouches-de-l'Elbe.	Hambourg,
Ems supérieur.	Osnabruck,
La Lippe.	Munster,
Bouches-de-l'Yssel.	Zwol,
Yssel supérieur.	Arnheim,
Bouches-du-Rhin.	Bois-le-Duc,
Deux-Nèthes.	Anvers,
Dyle.	Bruxelles,
Jemmapes.	Mons,
Ardennes.	Mézières,
Sambre-et-Meuse.	Namur,
Meuse-Inférieure.	Maestricht,
Roër.	Aix-la-Chapelle,
Ourthe.	Liége,
Forêts.	Luxembourg,
Sarre.	Trèves,
Rhin-et-Moselle.	Coblentz,

— 29 *Départements.*

SITUATION.

sur la Somme.
sur la Scarpe.
sur la Deule, près de la Lys.
sur un canal qui va de Gand à Ostende.
au confluent de l'Escaut et de la Lys.
dans l'île de Walcheren.
à une lieue de la mer.
autrefois capitale de la Hollande, port de mer.
sur plusieurs rivières et plusieurs canaux.
sur la Hunes qui lui forme un port.
au milieu d'une prairie bordée de forêts.
sur le Weser.
entre l'Elbe et l'Alster.
dans une vallée au bord de la Haasse.
sur l'Aa.
sur les rivières d'Aa et d'Yssel.
sur la droite du Rhin.
sur les rivières de Dommel et d'Aa.
sur l'Escaut.
sur la Senne.
au confluent de la Trouille et de la Haisne.
sur la Meuse, qui en fait une presqu'île.
au confluent de la Sambre et de la Meuse.
sur la Meuse.
dans un fond.
au confluent de la Meuse et de l'Ourthe.
sur l'Else.
sur la Moselle.
au confluent du Rhin et de la Moselle.

Division de l'Est.

DÉPARTEMEMTS.	CHEFS-LIEUX.
Mont-Tonnerre.	Mayence,
Moselle.	Metz,
Meuse.	Bar-sur-Ornain,
Meurthe.	Nancy,
Bas-Rhin.	Strasbourg,
Haut-Rhin.	Colmar,
Vosges.	Epinal,
Haute-Marne.	Chaumont,
Haute-Saône.	Vesoul,
Doubs.	Besançon,
Jura.	Lons-le-Saulnier,
Côte-d'Or.	Dijon,
Saône-et-Loire.	Mâcon,
Ain.	Bourg,
Lac-Léman.	Genève,
Simplon.	Sion,
Mont-Blanc.	Chambéry,
Isère.	Grenoble,

Division du Midi.

DÉPATEMENTS.	CHEFS-LIEUX.
Hautes-Alpes.	Gap,
Basses-Alpes.	Digne,
Alpes-Maritimes.	Nice,
Var.	Draguignan,
Bouches-du-Rhône.	Marseille,
Vaucluse.	Avignon,
Drôme.	Valence,
Ardèche.	Privas,
Loire.	Montbrison,
Rhône.	Lyon,

— 18 *Départements.*

SITUATION.

au confluent du Mein et du Rhin.
au confluent de la Seille et de la Moselle.
sur l'Ornain.
sur la Meurthe.
sur l'Ill.
sur l'Ill.
sur la Moselle.
sur une montagne, près de la Marne.
près du Durgeon.
sur le Doubs.
sur la Vaille.
entre les rivières d'Ouche et de Suzon.
aux bords de la Saône.
sur la Reyssousse.
sur le Rhône.
sur la Sitten, près du Rhône.
dans une vallée.
sur l'Isère.

— 33 *Départements.*

SITUATION.

sur la Bène.
sur la Bléone.
près de la Méditerranée.
sur la rivière d'Artuby.
port sur la Méditerranée.
sur le Rhône, près de la Durance.
sur le Rhône.
sur un coteau, près du Rhône.
sur la Vezize.
sur la Saône et le Rhône.

DÉPARTEMENTS.	CHEFS-LIEUX.
Puy-de-Dôme.	Clermont,
Cantal.	Aurillac,
Haute-Loire.	Le Puy,
Lozère.	Mende,
Gard.	Nismes,
Hérault.	Montpellier,
Aveyron.	Rodez,
Tarn.	Alby,
Aude.	Carcassonne,
Pyrénées-Orientales.	Perpignan,
Arriége.	Foix,
Haute-Garonne.	Toulouse,
Lot.	Cahors,
Lot-et-Garonne.	Agen,
Tarn-et-Garonne.	Montauban,
Gers.	Auch,
Hautes-Pyrénées.	Tarbes,
Basses-Pyrénées.	Pau,
Landes.	Mont-de-Marsan,
Gironde.	Bordeaux,
Dordogne.	Périgueux,
Corrèze.	Tulles,
Haute-Vienne.	Limoges,

Division de l'Ouest.

DÉPARTEMENTS.	CHEFS-LIEUX.
Charente.	Angoulême,
Charente-Inférieure.	Saintes,
Vendée.	Napoléon,
Deux-Sèvres.	Niort,
Vienne.	Poitiers,
Maine-et-Loire.	Angers,
Loire-Inférieure.	Nantes,
Morbihan.	Vannes,
Finistère.	Quimper,

SITUATION.

sur l'Artier.
sur la Jordane.
sur le penchant d'un rocher.
sur le Lot.
dans une belle plaine.
sur une colline, près du Lez.
sur une éminence, près de l'Aveyron.
sur le Tarn.
sur l'Aude.
sur le Tet.
sur l'Arriége.
sur la Garonne.
sur le Lot.
sur la Garonne.
sur le Tarn.
sur une montagne, près du Gers.
sur l'Adour.
sur le Gave de Pau.
sur la Midouze.
au bord de la Garonne.
sur l'Isle.
sur la Corrèze.
sur la Vienne,

— *17 Départements.*

SITUATION.

sur une montagne, près de la Charente.
sur la Charente.
sur l'Yon.
sur la Sèvre.
sur le Clain.
sur la Mayenne.
sur la Loire.
sur un canal qui communique avec le Morbihan.
sur l'Oder et le Benaudet.

DÉPARTEMENTS.	CHEFS-LIEUX.
Côtes-du-Nord.	Saint-Brieux,
Ille-et-Vilaine.	Rennes,
Mayenne.	Laval,
Sarthe.	Le Mans,
Orne.	Alençon,
Manche.	Saint-Lô,
Calvados.	Caen,
Seine-Inférieure.	Rouen,

Division du Centre.

DÉPARTEMENTS.	CHEFS-LIEUX.
Eure.	Évreux,
Eure-et-Loir.	Chartres,
Loir-et-Cher.	Blois,
Indre-et-Loire.	Tours,
Indre.	Châteauroux,
Creuse.	Guéret,
Allier.	Moulins,
Cher.	Bourges,
Nièvre.	Nevers,
Loiret.	Orléans,
Yonne.	Auxerre,
Aube.	Troyes,
Marne.	Châlons,
Seine-et-Marne.	Melun,
Aisne.	Laon,
Oise.	Beauvais,
Seine-et-Oise.	Versailles,
Seine.	Paris,

SITUATION.

à une demi-lieue de la mer.
sur la Vilaine.
sur la Mayenne.
sur la Sarthe.
sur la Sarthe.
sur la Vire.
sur l'Orne.
sur la Seine.

— 18 *Départements.*

SITUATION.

sur l'Iton.
sur l'Eure.
sur la Loire.
sur la Loire.
sur l'Indre.
sur la Gartempe.
sur l'Allier.
sur l'Auron et l'Èvre.
sur la Loire.
sur la Loire.
au bord de l'Yonne.
sur la Seine.
sur la Marne.
sur la Seine.
sur une montagne.
sur le Thérain.
à quatre lieues de Paris.
sur la Seine.

Division d'au-delà des

DÉPARTEMENTS.	CHEFS-LIEUX.
Doire.	Ivrée,
Pô.	Turin,
Stura.	Coni,
Sesia.	Verceil,
Marengo.	Alexandrie,
Apennins.	Chiavari,
Gênes.	Gênes,
Montenotte.	Savone,
Taro.	Parme,
Arno.	Florence,
Méditerranée.	Livourne,
Ombrone.	Sienne,
Trasimène.	Spolette,
Rome.	Rome,

Division

Ile de Corse. —

DÉPARTEMENTS.	CHEFS-LIEUX.
Golo.	Bastia,
Liamone.	Ajaccio,

Monts. — 14 Départements.

SITUATION.

sur la grande Doire.
sur le Pô.
au confluent de la Stura et de la Gezzo.
au confluent de la Sesia et de la Cerva.
sur le Tanaro.
à l'embouchure de la Lavagna.
port de mer.
sur la Méditerranée.
sur la Parme.
sur l'Arno.
port de mer.
sur une colline.
près de la rivière de Lessino.
sur le Tibre.

d'au-delà des mers.

2 départements.

SITUATION.

petit port de mer.
port de mer.

2*

Ancienne division de la France.

D. Comment se divisoit autrefois la France?

R. En 32 gouvernements ou provinces, et 8 petits gouvernements.

On comptoit 8 gouvernements au N., 13 au milieu, et 11 au S.

D. Faites-nous connoître les gouvernements de chacune de ces 3 divisions.

R. Voici les *gouvernements* ou *provinces du Nord.*

8 PROVINCES.	CAPITALES.	SITUATION.
Flandre.	Lille,	sur la Deule.
Artois.	Arras,	sur la Scarpe.
Picardie.	Amiens,	sur la Somme.
Normandie.	Rouen,	sur la Seine.
Ile-de-France.	Paris,	sur la Seine.
Champagne.	Troyes,	sur la Seine.
Lorraine.	Nancy,	sur la Meurthe.
Alsace.	Strasbourg,	sur l'Ill.

Gouvernements du Milieu.

13 PROVINCES.	CAPITALES.	SITUATION.
Bretagne.	Rennes,	sur la Vilaine.
Maine.	Le Mans,	sur la Sarthe.
Anjou.	Angers,	sur la Mayenne.
Touraine.	Tours,	sur la Loire.
Orléanois.	Orléans,	sur la Loire.
Berri.	Bourges,	s. l'Auron et l'Èvre.
Nivernois.	Nevers,	sur la Loire.
Bourgogne.	Dijon,	s. l'Ouche et le Suzon
Franche-Comté.	Besançon,	sur le Doubs.
Poitou.	Poitiers,	sur le Clain.
Aunis.	La Rochelle,	port.
Marche.	Guéret,	sur la Gartempe.
Bourbonnois.	Moulins,	sur l'Allier.

Gouvernements du Sud.

11 PROVINCES.	CAPITALES.	SITUATION.
Saintonge.	Saintes,	sur la Charente.
Limosin.	Limoges,	sur la Vienne.
Auvergne.	Clermont,	sur l'Artier.
Lyonnois.	Lyon,	sur le Rhône et la Saône.
Dauphiné.	Grenoble,	sur l'Isère.
Guienne.	Bordeaux,	sur la Garonne.
Béarn.	Pau,	sur le Gave.
Comté de Foix.	Foix,	sur l'Arriége.
Roussillon.	Perpignan,	sur le Tet.
Languedoc.	Toulouse,	sur la Garonne.
Provence.	Aix,	sur l'Arc.

DE L'ITALIE.

D. Que comprend l'Italie?

R. L'Italie, presqu'île qui a la figure d'une

botte, renferme plusieurs Etats qui ont été réunis à l'empire françois; puis, le royaume d'Italie, dont la capitale est *Milan*, sur l'Olona; le royaume de *Naples*, dont la capitale est *Naples*, avec un port sur la Méditerranée, et à 2 lieues du Vésuve; la *Sicile*, île qui dépend du royaume de Naples, et dont la capitale est *Palerme*; enfin la *Sardaigne*, île qui forme un petit royaume dont la capitale est *Cagliari*, sur un golfe de même nom.

D. Quelle étoit autrefois la capitale de l'Italie?

R. C'étoit *Rome* sur le Tibre, fondée 752 ans avant J. C., et aujourd'hui la seconde ville de l'Empire François.

DE L'ESPAGNE.

D. Quelle est la capitale du royaume d'Espagne?

R. C'est *Madrid*, sur le Mançanarès.

DU PORTUGAL.

D. Quelle est la capitale du royaume de Portugal?

R. C'est *Lisbonne*, à l'embouchure du Tage.

DES ILES BRITANNIQUES.

D. Que comprennent les Iles Britanniques?

R. Elles renferment l'Angleterre et l'Ecosse en une seule île appelée la *Grande-Bretagne*, et l'*Irlande*, qui fait une île à part.

D. Quelle est la capitale de l'Angleterre?

R. C'est *Londres*, sur la Tamise.

D. Quelle est la capitale de l'Écosse?

R. C'est *Edimbourg*, à une demi-lieue de la mer.

D. Quelle est la capitale de l'Irlande?

R. C'est *Dublin*, port de mer, à l'embouchure de la rivière de Liffei.

DU DANEMARCK.

D. Que renferme le royaume de Danemarck?

R. Il renferme le Danemarck propre, dont la capitale est *Copenhague*, avec un port sur la mer Baltique; la Norwège dont la capitale est *Christiania*, avec un port sur la baie d'Anslo ; et l'Islande dont le principal lieu est *Skalholt*.

DE LA SUÈDE.

D. Quelle est la capitale de la Suède?

R. C'est *Stockholm*, avec un port formé par le lac Méler.

DE LA RUSSIE.

D. Quelle est la capitale de la Russie?

R. C'est *St.-Pétersbourg*, à l'embouchure de la Néva, au fond du golfe de Finlande.

DE LA PRUSSE.

D. Quelle est la capitale de la Prusse?

R. C'est *Konigsberg*, au-dessus de l'embouchure du Prégel, dans la mer Baltique.

D. Où le roi de Prusse fait-il sa résidence?

R. A *Berlin*, sur la Sprée.

CONFÉDÉRATION DU RHIN.

D. Quels sont les principaux Etats de la Confédération du Rhin?

R. Ce sont les Etats suivants :

ÉTATS.	CAPITALES.	SITUATION.
Grand-Duché de Francfort.	Francfort,	sur le Mein.
Royaume de Bavière.	Munich,	sur l'Iser.
Royaume de Wurtemberg.	Stutgard,	près du Neker.
Royaume de Saxe.	Dresde,	sur l'Elbe.
Royaume de Westphalie.	Cassel,	sur la Fulde.
Grand-Duché de Bade.	Carlsruhe,	près du Rhin.
Grand-Duché de Berg et de Clèves.	Dusseldorf,	sur le Rhin.
Grand-Duché de Hesse-Darmstadt.	Darmstadt,	sur une p. riv. qui tom. dans le Rhin.
Gr.-Duché de Wurzbourg.	Wurzbourg	sur le Mein.

EMPIRE D'AUTRICHE.

D. Que comprend l'empire d'Autriche?

R. Il comprend l'archiduché d'Autriche, dont la capitale est *Vienne*, sur le Danube; le royaume de Bohême, dont la capitale est *Prague*, sur le Muldaw; et le royaume de Hongrie, dont la capitale est *Presbourg*, sur le Danube.

LA SUISSE.

D. Qu'est-ce que la Suisse?

R. C'est une république qui porte le titre de république Helvétique. Le chef se nomme

Landamman. Les principales villes sont *Berne*, *Lucerne*, *Lausanne*, etc.

TURQUIE D'EUROPE.

D. Quelle est la capitale de la Turquie d'Europe?

R. C'est *Constantinople* sur le détroit de même nom. L'empereur de la Turquie s'appelle le *Grand-Turc*, ou le *Grand-Sultan*.

DE L'ASIE.

D. Quelles sont les bornes de l'Asie?

R. L'Asie, la plus grande des trois parties qui forment l'ancien continent, est bornée au N. par la mer Glaciale; à l'E. par l'Océan pacifique; au S. par la mer des Indes; à l'O. par la mer Rouge, l'isthme de Suez, la Méditerranée, la mer Noire, et l'Europe.

D. Quelles sont les mers intérieures de l'Asie?

R. Ce sont la mer *Rouge*, entre l'Arabie et l'Afrique; la mer *Caspienne*, au N. de la Perse; la mer de *Corée*, à l'E. de l'Asie; et la mer de *Kamtchatka*, au N. E.

D. Quelles sont les principales îles de l'Asie ?

R. Ce sont à l'O. l'île de *Chypre*, dont la capitale est *Nicosie*; l'île de *Rhodes*, qui a pour capitale une ville de même nom, avec un bon port; au S. l'île de *Ceylan*, la plus belle et la plus riche du monde, près du cap Comorin; les îles *Laquedives*, et les *Maldives*; au S. E. les îles de la *Sonde*, dont les principales sont celles de *Sumatra*, de *Bornéo* et de *Java*; les sept îles *Banca*; les *Molucques*, dont les plus considérables sont celles de *Célèbes*, ou *Macassar*; *Ternate* et *Amboyne*; la *Nouvelle-Guinée*, ou *Terre des Papous*; l'île de *Schouten*; les îles *Philippines*, ou *Manilles*, dont la capitale est *Manille*; les îles *Carolines*; à l'E. les îles de *Hainan* et de *Sancian*; l'île *Formose*, dont la capitale est *Tay-Ouan*; les îles *Marianes*, ou *des Larrons*; les îles du *Japon*, qui forment un grand empire, dont la capitale est *Jéso*; l'île de *Tchoka* et les *Kurilles*, etc.

D. Quelles sont les presqu'îles les plus remarquables de l'Asie ?

R. Ce sont la *Natolie*, autrefois *Asie mineure ; l'Arabie ;* la *presqu'île en deçà du Gange ;* la *presqu'île au-delà du Gange ;* la *presqu'île de Malaca ;* la *Corée ;* et le *Kamtchatka.*

D. Quels sont les principaux caps de l'Asie ?

R. Ce sont le cap *Ras-al-gate*, au S E. de l'Arabie ; et le cap *Comorin*, au S. de l'Inde, en-deçà du Gange.

D. Quelles sont les montagnes les plus considérables de l'Asie ?

R. Ce sont, le mont *Caucase*, entre la mer Noire et la mer Caspienne ; le mont *Taurus*, qui traverse la Turquie d'Asie et la Perse ; le mont *Ararath*, dans l'Arménie. (Les Arméniens prétendent que ce fut sur cette montagne que l'arche de Noé s'arrêta après le déluge) ; les montagnes du *Thibet*, au N. de l'Inde ; et les *Gattes*, dans la presqu'île en-deçà du Gange.

D. Quels sont les principaux détroits de l'Asie ?

R. Ce sont, celui d'*Ormus*, à l'entrée du golfe Persique ; celui de *Malaca ;* et celui de la *Sonde*, dans la mer des Indes.

D. Quels sont les golfes les plus remarquables de l'Asie ?

R. Ce sont le *golfe Persique*, entre l'Arabie et la Perse ; le golfe de *Cambaye*, et celui de *Bengale*, au S. ; le golfe de *Siam*, au S. E. ; le golfe de *Cochinchine*, et celui de *Petchéli*, à l'E.

D. Quels sont les principaux fleuves de l'Asie ?

R. Ce sont, au N. l'*Euphrate* et le *Tigre*, qui s'unissent avant de se jeter dans le golfe Persique ; l'*Oby*, le *Jéniséa* et le *Léna*, qui ont leur embouchure dans la mer Glaciale ; à l'E. l'*Amur*, qui se perd dans la mer de Kamtchatka ; le *Hoang*, ou *Fleuve jaune*, le *Kiang* ou *Rivière bleue*, qui tombent dans l'Océan pacifique ; au S. le *Gange* et l'*Indus* qui se jettent dans la mer des Indes.

D. Comment se divise l'Asie ?

R. En six grandes parties, qui sont la Turquie asiatique, l'Arabie, la Perse, l'Inde, la Chine et la Grande-Tartarie.

D. Dites un mot de chacune de ces six parties.

R. 1°. La *Turquie d'Asie* renferme la Natolie, dont la capitale est *Chiutaie*, sur le Churzac; la *Syrie*, dont la capitale est *Alep*, et où se trouve la ville de *Jérusalem*, célèbre par la mort qu'y souffrit le sauveur des hommes; la Turcomanie, où l'on trouve *Erzerum*, à la source de l'Euphrate; le Diarbeck, dont la capitale est *Diarbeck*; la Géorgie, dont les femmes sont si renommées pour leur beauté; les îles de Chypre et de Rhodes.

2°. L'*Arabie* se divise en trois parties, l'Arabie *Pétrée*, ainsi nommée parce qu'elle est couverte de rochers; la capitale est *Hérac*: on y trouve le mont *Sinaï*, où Dieu donna sa loi à Moïse; l'Arabie *déserte*, dont la capitale est *Ana*, sur l'Euphrate; et l'Arabie *heureuse*, dont la capitale est *Sanaa*. On y trouve *Moka*, célèbre par son café.

3°. La *Perse* a pour capitale *Ispahan*, sur le Zenderouth.

4°. L'*Inde* comprend l'Indostan ou empire du Mogol, dont la capitale est *Delhi*, sur la rivière de Gemma ; la presqu'île occidentale ou presqu'île en-deçà du Gange, et la presqu'île orientale ou presqu'île au-delà du Gange. Ces trois parties forment ce qu'on appelle les *grandes Indes* ou *Indes orientales*.

5°. La *Chine* a pour capitale *Pékin*, à 30 lieues d'une grande muraille bâtie depuis 2000 ans, pour prévenir les incursions des Tartares. Cette muraille a 500 lieues de long, 3 toises de haut, et est assez large pour que six chevaux puissent y marcher de front. Nous remarquons encore, en Chine, la ville de *Nankin*, la plus grande du monde, et qui a 15 lieues de tour. Elle est près de la fameuse tour de porcelaine.

6°. La *grande Tartarie* comprend presque la moitié de l'Asie. Elle renferme la Tartarie Russienne, la Tartarie Chinoise et la Tartarie indépendante.

DE L'AFRIQUE.

D. Quelles sont les bornes de l'Afrique?

R. L'Afrique est une grande presqu'île bornée au N. par la Méditerranée; à l'E. par l'isthme de Suez qui la joint à l'Asie, par la mer Rouge qui l'en sépare, et par la mer des Indes; au S. par la mer du Sud; et à l'O. par le grand Océan atlantique qui la sépare de l'Amérique. C'est la partie la plus chaude et la moins peuplée du continent.

D. Quelles sont les îles les plus remarquables de l'Afrique?

R. Ce sont, à l'O., celles de *Madère*, des *Canaries*, du *Cap-Vert*, de *Bissagos*, de *St.-Thomas*, d'*Anaboa*, de l'*Ascension*, de *Ste.-Hélène*; à l'E. l'île de *Madagascar*, celle de *Bonaparte*, autrefois *Ile-Bourbon*, l'*Ile-de-France*, les îles *Comores*, les îles de l'*Amirante*, et celle de *Socotora*.

D. Quels sont les principaux caps de l'Afrique?

R. Ce sont le cap *Bon*, au N. en face de la Sicile, à l'O. le cap *Bojador*, le cap *Blanc*, le cap *Vert*, le cap *des Palmes*, et celui des *trois Pointes;* au S. le cap de *Bonne-Espérance*, et celui des *Aiguilles ;* à l'E. le cap des *Courants*, et celui de *Guardafui*.

D. Quelles sont les plus grandes montagnes de l'Afrique?

R. Ce sont l'*Atlas*, dont la chaîne s'étend depuis l'Egypte jusqu'à l'Océan occidental auquel il donne le nom d'Océan *atlantique;* le mont *Lupata* ou l'*Epine du monde*, qui se prolonge du S. au N. dans la Cafrerie; les monts de *la Lune*, dans l'Abyssinie; la montagne *des Lions*, qui sépare la Nigritie de la Guinée; et le pic de *Ténériffe*, dans une des îles Canaries.

D. L'Afrique a-t-elle plusieurs détroits?

R. Elle n'en a qu'un, celui de Babel-Mandel, à l'E.; il joint la mer Rouge à l'Océan indien. *Babel-Mandel* signifie *porte de deuil*. On a ainsi appelé ce détroit, parce que les Arabes prenoient autrefois le deuil pour ceux qui le passoient.

D. Quels sont les fleuves les plus considérables de l'Afrique?

R. Ce sont le *Nil* qui prend sa source dans l'Abyssinie et se perd dans la Méditerranée, après avoir traversé la Nubie et l'Egypte : il se déborde tous les ans au mois de juin, et ce débordement qui dure jusque vers le milieu du mois de septembre, fertilise l'Egypte; le *Niger* qui a sa source dans une chaîne de montagnes, coule de l'O. à l'E. et se jette dans des lacs : il se déborde périodiquement comme le Nil, et l'on y trouve des paillettes d'or; le *Sénégal* qui coule de l'E. à l'O. et se jette dans l'Océan, du côté des îles du cap Vert; il se déborde comme le Nil et le Niger, et nourrit des crocodiles; le *Zaïre* qui arrose le Congo et se jette dans l'Océan à l'O. Il est rempli de crocodiles et de chevaux marins; la *Gambie* qui se jette dans l'Océan, au S. E. du cap Vert; le *Coanza* qui traverse le Congo de l'E. à l'O. et se jette dans l'Océan; le *Zambèze* qui a sa source au lac du même nom, et se jette dans le canal de Mosambique à l'E.; le *Zébée* qui a sa source aux confins de l'Abyssinie et se décharge dans la mer des Indes.

D. Qu'est-ce que contient l'Afrique ?

R. Elle contient l'Egypte, la Barbarie, le Biledulgerid, le Sahara, la Nigritie, la Guinée, le Congo, la Cafrerie, les Côtes de Zanguebar et d'Ajan, l'Abyssinie et la Nubie.

D. Faites-nous connoître en peu de mots chacune de ces grandes parties de l'Afrique ?

R. 1°. L'*Égypte* se divise en haute, moyenne et basse. La capitale de la Haute-Egypte est *Girgé*, près du Nil. La capitale de la moyenne Egypte est le *Caire*, qui l'est aussi de toute l'Egypte : on voit, à 3 lieues du Caire, les fameuses pyramides qui servoient à la sépulture des rois du pays. La capitale de la Basse-Egypte est *Alexandrie*, près de la Méditerranée : cette ville a été bâtie par Alexandre-le-Grand.

2°. La *Barbarie* comprend les royaumes de Barca, où se trouvoit le temple de Jupiter-Ammon ; les royaumes de Tunis, de Tripoli, d'Alger, de Fez et de Maroc, qui ont des capitales de même nom.

3°. Le *Biledulgerid* renferme les royaumes de Sus et de Tafilet, le Sugelmèse, le Tégorarin, le Zab, le Técort, les royaumes de Gadume et de Fezzen.

4°. Le *Sahara* est un vaste désert où l'on fait près de cent lieues sans trouver une goutte d'eau.

5°. La *Nigritie*, dont les habitants sont noirs, comprend plusieurs royaumes dont les plus connus sont celui des Mandingues, qui a pour capitale *Congo*; ceux de Tombut, d'Agadès et de Bornou, qui ont pour capitales des villes du même nom.

6°. La *Guinée* se divise en septentrionale et méridionale. La Guinée septentrionale, entre le Sénégal et la Gambie, renferme plusieurs petits Etats; la Guinée méridionale comprend la *Malaguette*, ainsi nommée du poivre qu'elle produit; le royaume de Benin qui a pour capitale *Benin*; et la Guinée propre qui se subdivise en *Côte des Dents* et *Côte d'Or*. Ces noms viennent du commerce qu'on y fait en dents d'éléphants et en poudre d'or.

7°. Le *Congo* qui contient les royaumes de Loango, de Congo, d'Angola et de Benguela. Le Loango a pour capitale une ville de même nom ; le Congo a pour capitale *St.-Salvador* ; le royaume d'Angola a pour capitale *St.-Paul de Loanda*, port de mer ; et le royaume de Benguela a pour capitale *Benguela* ou *St.-Philippe.*

8°. La *Cafrerie* se divise en septentrionale et méridionale. La première renferme les Etats de Monoémugi, des Borores, etc. ; la deuxième s'étend jusqu'au Cap de Bonne-Espérance, et contient les royaumes de Monomotapa, de Solfala, de Manica, de Sabia, d'Inhambané, et le pays des Hottentots.

9°. Les côtes de *Zanguebar* et d'*Ajan* renferment : la première, les royaumes de Mozambique, de Quiloa, de Montbaze, de Mélinde, etc. ; la deuxième, les royaumes de Magadoxo et d'Adel, et la république de Brava.

10°. L'*Abyssinie* est sous la domination d'un souverain qui porte le titre de Grand-Négus. Il habite avec sa cour sous des tentes, et son camp peut être regardé comme la capitale de ses Etats.

11°. La *Nubie* a pour capitale *Sennar*, près du Nil.

DE L'AMÉRIQUE.

D. Où est située l'Amérique ?

R. L'Amérique est un vaste continent opposé à celui que nous habitons. Elle est située à l'O. de l'Europe et de l'Afrique, dont elle est séparée par l'Océan; et à l'E. de l'Asie dont elle est séparée par la grande mer et le détroit du Nord.

D. Quelles sont les principales îles de l'Amérique ?

R. Ce sont, dans l'Amérique septentrionale, l'île de *Terre-Neuve*, à l'entrée du golfe de St.-Laurent; l'île *Royale*, celle de *St.-Jean*, et celle d'*Anticosti*, dans le même golfe; les *Bermudes*; les *Lucayes*; et les *Antilles*, qui se divisent en grandes et en petites : les grandes Antilles sont l'île de *Cuba*, dont la capitale est la *Havane*; la *Jamaïque*, dont la capitale est *Kingstown*; *St.-Domingue*; *Porto-Rico*, qui a pour capitale une ville de même nom : les petites Antilles sont *Ste.-Croix*; la *Guadeloupe*;

la *Martinique* ; *Ste.-Lucie* ; *Tabago* ; la *Grenade* ; la *Désirade* ; *Marie-Galande* ; la *Trinité* ; la *Barbade* ; la *Dominique* ; *St.-Christophe* ; *St.-Eustache* ; *Curaçao*, etc.

Les îles de l'Amérique méridionale sont l'île de *Cayenne* ; la *Terre de Feu* ; l'île *des États*, et l'île de *Chiloé*.

D. Quelles sont les presqu'îles les plus remarquables de l'Amérique ?

R. Ce sont, dans l'Amérique septentrionale, la *Californie*, et *Yucatan*, à l'O. ; et la *Floride*, à l'E.

D. Quels sont les principaux caps de l'Amérique ?

R. Ce sont le cap *Breton*, à l'E. du Canada ; celui de *Canaveral*, à l'E. de la Floride ; le cap *St.-Roch*, au N. E. du Brésil ; le cap *St.-Augustin*, à l'E. du Bresil ; le cap de *Horn*, celui de *Victoire*, et le cap *Pilares*, au S. de l'Amérique ; le cap *St.-Lucas*, et le cap des *Corientes*, près du Mexique.

D. Quelles sont les montagnes les plus considérables de l'Amérique ?

R. Ce sont les *Andes* ou *Cordilières*, dans

la partie méridionale, le long de la grande mer : on les regarde comme les plus hautes montagnes de toute la terre; et, dans la partie septentrionale, les *Apalaches* ou *Allégany* qui séparent les Etats-Unis du Canada.

D. Quels sont les détroits les plus remarquables de l'Amérique?

R. Le détroit d'*Hudson*, à l'entrée de la baie de ce nom; et, au-dessus du détroit d'Hudson, celui de *Davis*, à l'entrée de la baie de Baffin; le détroit de *Magellan*, au sud; et le détroit de *le Maire*, au S. E. de la terre de feu.

D. Quels sont les principaux golfes de l'Amérique?

R. Ce sont le golfe *St.-Laurent*, à l'E. de l'Amér. septent.; le golfe du *Mexique*; la mer *Vermeille*; le golfe de *Panama*, et celui de *Darien*, entre l'Amér. septent. et l'Amér. méridionale.

D. Quels sont les principaux lacs de l'Amérique?

R. Ce sont le lac *Supérieur*; le *Huron*; le *Michigan*; le lac *Erié*, et le lac *Ontario*, qui sont tous dans le Canada, et communiquent ensemble par le fleuve St.-Laurent. Entre les lacs Erié et Ontario, le fleuve fait une chute qu'on appelle le *Saut de Niagara*. On entend le bruit de cette cataracte à plus de 5 lieues.

D. Quels sont les fleuves et les rivières les plus considérables de l'Amérique ?

R. Ce sont, dans la partie septentrionale, le fleuve *St.-Laurent* qui, après avoir arrosé une étendue immense de pays, se perd dans un grand golfe auquel il donne son nom ; le fleuve du *Missis sipi*, qui a quinze cents lieues de cours, et se jette dans le golfe du Mexique ; dans la partie méridionale, *l'Orénoque* qui communique à la rivière des Amazones par le Rio Négro, et se jette dans l'Océan ; la rivière des *Amazones*, ou le *Maragnon*, qui se jette aussi dans l'Océan ; et la *Plata* qui traverse le Paraguay, et tombe aussi dans l'Océan.

D. Comment se divise l'Amérique ?

R. L'Amérique est divisée par l'isthme de Panama, en septentrionale et méridionale.

D. Que renferme l'Amérique septentrionale ?

R. Elle renferme le *Labrador* ou pays des *Esquimaux* ; le *Canada*, dont la capitale est *Québec;* les *Etats-Unis*, dont la capitale est *Wasinghton ;* la *Louisiane*, qui a pour capitale la *Nouvelle Orléans*, sur le bord oriental du Mississipi ; la *Floride* qui se partage en Floride orientale, cap. *Saint-Augustin*, et Floride occidentale, cap. *Pensacola ; le vieux Mexique*, divisé en 3 audiences, celles de *Mexico*, de *Guadalajara*, et de *Guatimala*, qui ont des capitales de même nom ; le *nouveau Mexique*, dont la capitale est *Santa-Fé ;* et la *Californie*, dont les habitants n'ont point de maisons : ils se mettent, en été, sous des arbres, et, en hiver, dans des trous creusés en terre.

D. Que comprend l'Amérique méridionale?

R. La *Terre-Ferme*, qui a pour capitale *Santa-Fé-de-Bagota*, la *Guiane*, entre la rivière d'Orénoque et celle des Amazones; le pays des *Amazones*, habité par plusieurs nations sauvages ; le royaume du *Brésil*, dont la capitale est *San-Salvador*, sur la baie de Tous-les-Saints ; le *Paraguay*, dont la capitale est *l'Assomption*, sur la rivière de Paraguay ; le *Pérou*, dont la capitale est *Lima*, près de la mer ; le *Chili*, qui a pour capitale *Saint-Iago*, port de mer ; et la *terre Magellanique*, ou le pays des Patagons, dont les habitants vivent isolés et se retirent dans des cavernes.

DES TERRES POLAIRES.

D. Qu'appelez-vous terres polaires ?

R. Ce sont des terres nouvellement découvertes, aux deux extrémités du globe, et qu'on ne rapporte à aucune des 4 parties du monde. Elles ont constamment 6 mois de jour et 6 mois de nuit. On les divise en terres polaires arctiques et terres polaires antarctiques.

D. Quelles sont les terres polaires arctiques ?

R. Ce sont le *Spitzberg*, le *Groënland* et la *Nouvelle-Zemble*. On ignore si le Spitzberg et la Nouvelle-Zemble sont habités. Le Groënland a des hommes petits, trapus et stupides.

D. Quelles sont les terres polaires antarctiques ?

R. Ce sont la *Nouvelle-Guinée*, grande île, dans l'Océan atlantique, habitée par des hommes olivâtres ; la *Nouvelle Hollande*, île immense, qu'on regarde comme une cinquième partie du monde ; et la *Nouvelle-Zélande*, dans la mer orientale. Les habitants sont anthropophages.

NOMENCLATURE alphabétique, et cours des Fleuves et Rivières qui donnent leur nom aux départements de l'Empire françois.

AIN.

D. Quel est le cours de l'Ain ?

R. Il a sa source dans le département du Jura, au S. de Nozeroy, et se jette dans le Rhône, à 5 lieues E. de Lyon.

D. A combien de départements donne-t-il son nom ?

R. A un département ; celui de l'Ain, chef-lieu, *Bourg-en-Bresse*.

AISNE.

D. Quel est le cours de l'Aisne?

R. Cette rivière prend sa source dans le département de la Meuse, passe à Ste.-Ménéhould, à Vouziers, à Attigny, commence à être navigable à Château-Porcien, et va mêler ses eaux avec celles de l'Oise, un peu au-dessus de Compiègne.

D. A combien de départements donne-t-elle son nom?

R. A un seul; savoir celui de l'Aisne, chef-lieu, *Laon*.

ALLIER.

D. Quel est le cours de l'Allier?

R. L'Allier prend sa source au pied du mont Lozère, traverse le département qu'il dénomme du S. au N. et va se perdre dans la Loire auprès de Nevers.

D. A combien de départements donne-t-il son nom?

R. A un seul; celui de l'Allier, chef-lieu, *Moulins*.

ARDÈCHE.

D. Quel est le cours de l'Ardèche?

R. L'Ardèche prend sa source dans le département de ce nom, passe près d'Aubenas, et va se perdre dans le Rhône, près du Pont-St.-Esprit.

D. A combien de départements donne-t-elle son nom?

R. A un seul; celui de l'Ardèche, chef-lieu, *Privas*.

ARNO.

D. Quel est le cours de l'Arno?

R. L'Arno, grand fleuve, a sa source dans l'Apennin, passe à Florence et à Pise, et se jette dans la mer, au-dessus de cette dernière ville.

D. A combien de départements donne-t-il son nom?

R. A un département; celui de l'Arno, chef-lieu, *Florence*.

ARRIÉGE.

D. Quel est le cours de l'Arriége?

R. L'Arriége a sa source dans les Pyrénées, et va se jeter dans la Garonne, un peu au-dessus de Toulouse. Cette rivière commence à être navigable à Hauterive; elle roule dans son sable des paillettes d'or ; l'on y pêche de bonnes truites et d'excellentes aloses.

D. A combien de départements donne-t-elle son nom ?

R. A un département ; celui de l'Arriége, chef-lieu, *Foix*.

AUBE.

D. Quel est le cours de l'Aube ?

R. Elle a sa source dans le département de la Haute-Marne, à 5 lieues S. O. de Langres, et se joint à la Seine près de Pont-sur-Seine ; elle porte des trains de bois et des bateaux légers depuis Arcis jusqu'à son embouchure.

D. A combien de départements donne-t-elle son nom ?

R. A un département ; celui de l'Aube, chef-lieu, *Troyes*.

AUDE.

D. Quel est le cours de l'Aude ?

R. L'Aude prend sa source dans les monts Pyrénées, passe à Carcassonne, et se jette dans la Méditerranée au-dessus de Narbonne.

D. A combien de départements donne-t-elle son nom ?

R. A un département ; celui de l'Aude ; chef-lieu, *Carcassonne*.

AVEYRON.

D. Quel est le cours de l'Aveyron ?

R. L'Aveyron prend sa source dans le département du même nom, le traverse de l'E. à l'O. et va se perdre dans le Tarn, à 2 ou 3 lieues de Montauban.

D. A combien de départements cette rivière donne-t-elle son nom ?

R. A un département ; celui de l'Aveyron ; chef-lieu, *Rhodez*.

CHARENTE.

D. Quel est le cours de la Charente ?

R. La Charente a sa source dans les montagnes du département de la Haute-Vienne, à 3 lieues N. O. de Rochechouart, s'approche de Charroux et de Civray, se détourne pour s'avancer du côté de Ruffec et de Verteuil, passe au pied d'Angoulême, où elle commence à être navigable, arrose Château-

Neuf, Jarnac, Cognac, passe à Saintes, à Rochefort, et se perd ensuite dans l'Océan, vis-à-vis l'île d'Oleron.

D. A combien de départements donne-t-elle son nom?

R. A deux; savoir, celui de la Charente, chef-lieu, *Angoulême*; et celui de la Charente-Inférieure, chef-lieu, *Saintes*.

CHER.

D. Quel est le cours du Cher?

R. Le Cher a sa source dans le département de la Creuse, passe à Mont-Luçon, Avoisine, Saint-Amand, arrose Châteauneuf, Selles, St.-Agnan, Montrichard, et se jette dans la Loire, près de Tours.

D. A combien de départements donne-t-il son nom?

R. A deux; celui du Cher, chef-lieu, *Bourges*; et celui de Loir-et-Cher, chef-lieu, *Blois*.

CORRÈZE.

D. Quel est le cours de la Corrèze?

R. La Corrèze prend sa source dans le département de ce nom, à 4 lieues de Tulles, et se jette dans la Vézère près de Brives.

D. A combien de départements donne-t-elle son nom?

R. A un département; celui de la Corrèze, chef-lieu, *Tulles*.

CREUSE.

D. Quel est le cours de la Creuse?

R. La Creuse a sa source dans le département de ce nom. Elle passe à Felletin, à Aubusson, à Ahun, à le Blanc, à Rocheposai, et va se jeter dans la Vienne, près de la Haye. Elle est appelée *Creuse*, à cause de la profondeur de son lit.

D. A combien de départements donne-t-elle son nom?

R. A un département; celui de la Creuse, chef-lieu, *Guéret*.

DOIRE.

D. Quel est le cours de la Doire?

R. La Doire prend sa source dans les Alpes, près du mont *Petit-St.-Bernard*, passe à Aoste, à Bard, à Ivrée, et va se perdre dans le Pô, à quelque distance de Crescentino. On l'appelle la *Grande-Doire*, ou la *Doria-Baltéa*, pour la distinguer d'une autre rivière qui coule dans le département du Pô, qui est nommée la *Petite-Doire*, ou la *Doria-Riparia*. Celle-ci a sa source à la base du mont Genèvre, arrose Exilles et Suze, et va tomber dans le Pô, près de Turin.

D. A combien de départements la Doire donne-t-elle son nom?

R. A celui de la Doire, chef-lieu, *Ivrée*.

DORDOGNE.

D. Quel est le cours de la Dordogne?

R. La Dordogne a sa source au pied du Mont-d'Or, dans le département du Puy-de-Dôme, traverse celui qu'elle dénomme de l'E. à l'O. et se joint à la Garonne, au Bec-d'Ambès. Elle commence à porter bateau un peu au-dessus d'Argentac.

D. A combien de départements donne-t-elle son nom?

R. A un département; celui de la Dordogne, chef-lieu, *Périgueux*.

DOUBS.

D. Quel est le cours du Doubs?

R. Il a sa source dans les montagnes du

Jura, passe à Pontarlier, à Baume-les Dames, à Besançon, à Dôle, et va se jeter dans la Saône à Verdun. Le Doubs coule avec une extrême lenteur, et n'est point navigable.

D. A combien de départements donne-t-il son nom ?

R. A un seul, celui du Doubs, chef-lieu, *Besançon*.

DRÔME.

D. Quel est le cours de la Drôme ?

R. La Drôme prend sa source dans le département qu'elle dénomme, le traverse de l'E. à l'O., passe à Die, à Crest, et se jette dans le Rhône.

D. A combien de départements donne-t-elle son nom ?

R. A un département; celui de la Drôme, chef-lieu, *Valence*.

DYLE.

D. Quel est le cours de la Dyle ?

R. La Dyle a sa source dans la partie la plus méridionale du département de ce nom, arrose Louvain, Malines, et va se perdre dans l'Escaut ?

D. A combien de départements donne-t-elle son nom ?

R. A un département ; celui de la Dyle, chef-lieu, *Bruxelles.*

ELBE.

D. Quel est le cours de l'Elbe ?

R. L'Elbe a sa source au mont *des Géants*, sur les confins de la Silésie et de la Bohême, passe à Pless, à Pardubitz, à Nymbourg, à Buntzlau, à Leithreritz, à Aussig, à Dresde, capitale de la Saxe, à Torgau, à Wittemberg, à Dessaw, à Barby, à Magdebourg, à Domitz, à Hitzacker, à Hambourg, à Stade, à Gluckstad, et se jette dans la mer du Nord.

D. A combien de départements l'Elbe donne-t-il son nom ?

R. A un département ; celui des Bouches-de-l'Elbe, chef-lieu, *Hambourg.*

EMS.

D. Quel est le cours de l'Ems ?

R. La rivière de l'Ems a sa source à l'E. de Rheda qu'elle arrose et où elle devient navigable, passe à Munster, à Greveen, à Bevergen, à Lingen, à Meppen, à Embden, et se jette dans la mer d'Allemagne.

D. A combien de départements cette rivière donne-t-elle son nom?

R. A trois; savoir, celui de l'Ems supérieur, chef-lieu, *Osnabruck;* celui de l'Ems oriental, chef-lieu, *Aurich;* et celui de l'Ems occidental, chef-lieu, *Groningue.*

ESCAUT.

D. Quel est le cours de l'Escaut?

R. L'Escaut prend sa source dans le département de l'Aisne, près le Catelet, mouille les villes de Cambrai, Bouchain, Valenciennes, où il commence à être navigable, passe à Condé, Tournay, Oudenarde, Gand et Anvers. A quelques lieues au-dessus du fort de Lillo, il se divise en deux branches, dont l'une se nomme *Escaut oriental,* et l'autre *Escaut occidental:* toutes deux se jettent dans la mer d'Allemagne.

D. A combien de départements donne-t-il son nom?

R. A deux; celui de l'Escaut, chef-lieu,

Gand ; et celui des Bouches-de-l'Escaut, chef-lieu, *Middelbourg*.

EURE.

D. Quel est le cours de l'Eure ?

R. L'Eure a sa source vers les confins du département de l'Orne, passe à Chartres et se joint à l'Iton. Cette rivière se jette dans la Seine au Pont-de-l'Arche.

D. A combien de départements l'Eure donne-t-il son nom ?

R. A deux ; celui d'Eure, chef-lieu, *Evreux ;* et celui d'Eure-et-Loir, chef-lieu, *Chartres*.

GARD.

D. Quel est le cours du Gard ?

R. Le Gard ou Gardon a sa source dans les Cévennes, traverse le département qu'il dénomme du N. O. au S. E., et va se jeter dans le Rhône, à une lieue au-dessus de Beaucaire. Le Gardon roule des paillettes d'or en grande quantité. C'est sur cette rivière et à 3 lieues de Nismes qu'est le fameux pont du Gard. C'est un ouvrage magnifique des

Romains, qui est très-bien conservé. Il est composé de trois rangs d'arches les unes au-dessus des autres. Il servoit à conduire à Nismes les eaux de la fontaine d'Eure par-dessus la vallée où coule le Gardon.

D. A combien de départements donne-t-elle il son nom?

R. A un département; celui du Gard, chef-lieu, *Nismes*.

GARONNE.

D. Quel est le cours de la Garonne?

R. La Garonne prend sa source dans les Pyrénées, au val d'Aran, passe à St.-Gaudens, à Toulouse, à Agen, se rend à Bordeaux, et se jette dans la mer au-dessous de cette ville, après avoir reçu la Dordogne au Bec-d'Ambès, et pris, depuis cette jonction, le nom de *Gironde*, qu'elle conserve jusqu'à son embouchure. La Garonne est navigable depuis Muret.

D. A combien de départements donne-t-son nom?

R. A trois; savoir, celui de la Haute-Garonne, chef-lieu, *Toulouse*; celui de

Tarn-et-Garonne, chef-lieu, *Montauban*; et celui de Lot-et-Garonne, chef-lieu, *Agen*. La *Gironde*, formée de la Garonne et de la Dordogne, donne son nom à un département, celui de la Gironde, chef-lieu, *Bordeaux*.

GERS.

D. Quel est le cours du Gers?

R. Le Gers prend sa source dans le département des Hautes-Pyrénées, traverse du S. au N. le département qu'il dénomme, et se jette dans la Garonne, à quelque distance d'Agen. Cette rivière donne son nom à un département; celui du Gers, chef-lieu, *Auch*.

GOLO (*dans l'île de Corse.*)

D. Quel est le cours du Golo?

R. Le Golo sort du lac Ino, vers le milieu de l'île de Corse, passe par les ruines de Mariana, et se jette dans le golfe de Toscane. Les rochers qui en embarrassent le cours ne permettent pas à la navigation de le rendre utile au commerce.

D. A combien de départements donne-t-il son nom ?

R. A un département ; celui du Golo, chef-lieu, *Bastia.*

HÉRAULT.

D. Quel est le cours de l'Hérault ?

R. Cette rivière prend sa source dans le département du Gard, près de Vallerangue, traverse le département qu'elle dénomme, du N. au S., et se jette dans le golfe de Lyon, près d'Agde.

D. A combien de départements donne-t-elle son nom ?

R. A un département ; celui de l'Hérault, chef-lieu, *Montpellier.*

ILLE.

D. Quel est le cours de l'Ille ?

R. L'Ille a sa source dans le département d'Ille-et-Vilaine au N. de Saint-Aubin, et se jette dans la Vilaine à Rennes.

D. A combien de départements donne-t-elle son nom ?

R. A un département ; celui d'Ille-et-Vilaine, chef-lieu, *Rennes.*

INDRE.

D. Quel est le cours de l'Indre?

R. L'Indre a sa source dans le département de ce nom au-dessus de la Châtre; il commence à porter bateau à Châtillon, et se jette dans la Loire.

D. A combien de départements donne-t-il son nom?

R. A deux; celui de l'Indre, chef-lieu, *Châteauroux;* et celui d'Indre-et-Loire, chef-lieu, *Tours.*

ISÈRE.

D. Quel est le cours de l'Isère?

R. Il descend des Alpes, arrose Moustiers, Grenoble, où il commence à être navigable, passe près de Saint-Marcellin, mouille Romans et va se perdre dans le Rhône, à deux lieues au-dessus de Valence.

D. A combien de départements donne-t-il son nom?

R. A un département; celui de l'Isère, chef-lieu, *Grenoble.*

LIAMONE (*dans l'île de Corse.*)

D. Quel est le cours du Liamone?

R. Il a sa source dans un lac au centre de l'île de Corse; il court vers le couchant; il arrose Cruzani, et se jette dans le golfe de Ginezca.

D. A combien de départements donne-t-il son nom?

R. A un seul département; celui du Liamone, chef-lieu, *Ajaccio*.

LIPPE.

D. Quel est le cours de la Lippe?

R. Cette rivière a sa source à quelque distance de Paderborn, arrose Lipstadt, Ham, Lunen, Dorsten et Wesel, où elle se jette dans le Rhin.

D. A combien de départements la Lippe donne-t-elle son nom?

R. A un département; celui de la Lippe, chef-lieu, *Munster*.

LOIR.

D. Quel est le cours du Loir?

R. Le Loir a sa source dans le département d'Eure-et-Loir, au N. d'Illiers, qu'il baigne, passe à Bonneval, à Châteaudun, à Vendôme, à la Flèche, et va se jeter dans la Sarthe, à deux lieues au-dessus d'Angers.

D. A combien de départements donne-t-il son nom?

R. A deux; à celui d'Eure-et-Loir, chef-lieu, *Chartres;* et à celui de Loir-et-Cher, chef-lieu, *Blois.*

LOIRE.

D. Quel est le cours de la Loire?

R. La Loire prend sa source dans la frontière méridionale du département de la Haute-Loire, arrose le Puy, Roanne, Nevers, Briare, Gien, Orléans, Beaugency, Blois, Amboise, Tours, Nantes, et se rend dans la mer par une large embouchure: elle devient entièrement navigable à Roanne; elle fait communiquer l'Océan avec la Méditerranée par le canal de Charolles.

D. A combien de départements donne-t-elle son nom?

R. A six départements; savoir, celui de la Haute-Loire, chef-lieu, *le Puy;* celui de la Loire, chef-lieu, *Montbrison;* celui de Saône-et-Loire, chef-lieu, *Mâcon;* celui d'Indre-et-Loire, chef-lieu, *Tours*; celui de Maine-et-Loire, chef-lieu, *Angers*; et celui de la Loire-Inférieure, chef-lieu, *Nantes*.

LOIRET.

D. Quel est le cours du Loiret?

R. Il a sa source dans le département de ce nom, à peu de distance d'Orléans, et se perd dans la Loire, après un cours de deux ou trois lieues. Il est remarquable, en ce qu'il est aussi large à sa source qu'à son embouchure, et qu'il ne gèle jamais.

D. A combien de départements donne-t-il son nom?

R. A un département; celui du Loiret, chef-lieu, *Orléans*.

LOT.

D. Quel est le cours du Lot?

R. Cette rivière a sa source au mont Lozère, passe à Saint-Geniez, Estaing, arrose Cahors, où elle commence à être navigable, par le moyen des écluses, et, après un cours de quatre-vingts lieues, se perd dans la Garonne à Aiguillon.

D. A combien de départements donne-t-elle son nom?

R. A deux; savoir, celui de Lot-et-Garonne, chef-lieu, *Agen;* et celui du Lot, chef-lieu, *Cahors*.

LYS.

D. Quel est le cours de la Lys?

R. La Lys a sa source dans le département du Pas-de-Calais, près d'un petit village appelé Lysbourg, passe à Aire, où elle commence à être navigable, à Armentières, à Menin et à Courtrai, et se jette dans l'Escaut à Gand. Cette rivière donne son nom à un département, celui de la Lys, chef-lieu, *Bruges*.

MARNE.

D. Quel est le cours de la Marne?

R. Elle prend sa source dans le département de la Haute-Marne, au voisinage de Langres. Elle est navigable depuis Saint-Dizier, et se jette dans la Seine à Charenton près Paris..... Le plateau où la Marne a sa source est, suivant Buffon, un des plus élevés de la France.

D. A combien de départements donne-t-elle son nom?

R. A trois; celui de la Haute-Marne, chef-lieu, *Chaumont;* celui de la Marne, chef-lieu, *Châlons;* et celui de Seine-et-Marne, chef-lieu, *Melun*.

MAYENNE.

D. Quel est le cours de la Mayenne?

R. La Mayenne, ou le Maine, a sa source dans le département de l'Orne, passe à Mayenne, à Laval, où elle commence à être navigable, à Château-Gonthier, et va se jeter dans la Loire, au-dessous d'Angers.

D. A combien de départements donne-t-elle son nom?

R. A deux, qui sont, celui de la Mayenne, chef-lieu, *Laval;* et celui de Maine-et-Loire, chef-lieu, *Angers*.

MEURTHE.

D. Quel est le cours de la Meurthe?

R. La Meurthe prend sa source dans les montagnes des Vosges, passe à Saint-Dié, à Raon, à Baccarat, à Lunéville, à Rosières, à Saint-Nicolas, à Nancy, et se joint à la Moselle, après un cours de 30 lieues. Elle commence à être navigable à Saint-Nicolas.

D. A combien de départements donne-t-elle son nom?

R. A un seul; celui de la Meurthe, chef-lieu, *Nancy*.

MEUSE.

D. Quel est le cours de la Meuse?

R. La Meuse prend sa source dans le département de la Haute-Marne, à 4 lieues O. de Bourbonne-les-Bains, passe à Vaucouleurs, à Commercy, Saint-Mihiel, Verdun, Sedan, Mézières, Namur, Liége, Maëstricht, et se perd dans la mer d'Allemagne, au-dessous de Dordrecht.

D. A combien de départements donne-t-elle son nom?

R. A quatre; celui de la Meuse-Inférieure, chef-lieu, Maëstricht; celui de la Meuse, chef-lieu, *Bar-sur-Ornain*; celui de Sambre-et-Meuse, chef-lieu, *Namur*; et celui des Bouches-de-la-Meuse, chef-lieu, *la Haye*.

MOSELLE.

D. Quel est le cours de la Moselle?

R. La Moselle prend sa source dans le département des Vosges au mont des *Faucilles*, passe à Remiremont, à Epinal, à Châtel, à Bayon, à Toul, à Pont-à-Mousson, à Metz; à Thionville, à Trèves, et va se jeter dans le Rhin à Coblentz. Ce n'est guère qu'à Metz qu'elle devient navigable.

D. A combien de départements donne-t-elle son nom?

R. A deux, celui de Rhin-et-Moselle chef-lieu, *Coblentz*; et celui de la Moselle, chef-lieu, *Metz*.

NÈTHES.

D. Quel est le cours des deux Nèthes?

R. Deux rivières portent ce nom, et arrosent le département qu'elles dénomment; l'une s'appelle la *grande Nèthe*, et l'autre la *petite Nèthe*: elles se réunissent à Lière, et vont ensuite se jeter dans la Dyle.

D. A combien de départements donnent-elles leur nom?

R. A un seul; celui des Deux-Nèthes, chef-lieu, *Anvers*.

NIÈVRE.

D. Quel est le cours de la Nièvre ?

R. Elle a sa source dans le département de ce nom, aux environs de Prémery, et y termine son cours, en se jetant dans la Loire, près de Nevers.

D. A combien de départements donne-t-elle son nom ?

R. A un seul ; celui de la Nièvre, chef-lieu, *Nevers*.

OISE.

D. Quel est le cours de l'Oise ?

R. Cette rivière prend sa source dans les Ardennes, devient navigable à Chauny, et va se perdre dans la Seine à Conflans-Sainte-Honorine.

D. A combien de départements donne-t-elle son nom ?

R. A deux ; savoir celui de l'Oise, chef-lieu, *Beauvais* ; et celui de Seine-et Oise, chef-lieu, *Versailles*.

OMBRONE.

D. Quel est le cours de l'Ombrone?

R. L'Ombrone a sa source dans le département qu'elle dénomme, passe auprès de Grosseto, et se jette dans la mer au S. de Piombino.

D. A combien de départements donne-t-elle son nom ?

R. A un département; celui de l'Ombrone, chef-lieu, *Sienne*.

ORNE.

D. Quel est le cours de l'Orne?

R. L'Orne a sa source dans le département de ce nom près de Séez, passe à Argentan, à Caen, où elle devient navigable, et va se perdre dans l'Océan après 30 lieues de cours. Ses eaux sont très-propres à la préparation des cuirs.

D. A combien de départements donne-t-elle son nom?

R. A un département; celui de l'Orne, chef-lieu, *Alençon*.

OURTHE.

D. Quel est le cours de l'Ourthe?

R. Cette rivière prend sa source dans la frontière septentrionale du département des Forêts, arrose Houfalize, Rochefort et

Durbuy, et tombe dans la Meuse à Liége.

D. A combien de départements donne-t-elle son nom ?

R. A un seul ; celui de l'Ourthe, chef-lieu, *Liége*.

PÔ.

D. Quel est le cours du Pô ?

R. Le Pô ou l'Eridan, que les anciens ont nommé le *Roi des fleuves*, prend sa source au Mont-Viso, arrose Turin, Casal, Plaisance, Crémone et Ferrare, et se jette dans le golfe de Venise par plusieurs embouchures.

D. A combien de départements donne-t-il son nom ?

R. A un département ; celui du Pô, chef-lieu, *Turin*.

RHIN.

D. Quel est le cours du Rhin ?

R. Boileau, dans la belle épître qu'il adresse à Louis XIV sur le passage du Rhin, nous fait connoître la source de ce fleuve.

» Au pied du mont Adule, entre mille roseaux,
» Le Rhin tranquille et fier du progrès de ses eaux,
» Appuyé d'une main sur son urne penchante,
» Dormoit au bruit flatteur de son onde naissante.

Le Rhin prend donc sa source au mont Adule, qui fait partie du mont S^{t}.-Gothard. Il passe à Coire, où il commence à être navigable, traverse le lac de Constance, passe à Schaffhouse, à Bâle, à Spire, à Worms, à Mayence, à Coblentz, à Cologne, à Dusseldorf, à Wesel, et va se perdre en partie dans la mer d'Allemagne et en partie dans le Zuyderzée.

D. A combien de départements donne-t-il son nom?

R. A quatre; savoir, celui du Bas-Rhin, chef-lieu *Strasbourg;* celui du Haut-Rhin, chef-lieu, *Colmar;* celui de Rhin-et-Moselle, chef-lieu, *Coblentz;* et celui des Bouches-du-Rhin, chef-lieu, *Bois-le-Duc.*

RHÔNE.

D. Quel est le cours du Rhône?

R. Le Rhône prend sa source au mont de la *Fourche*, près du mont Saint-Gothard, dans les Alpes, traverse le lac de Genève, passe à Seyssel où il commence à être navigable, arrose Lyon où il reçoit la Saône, passe à Vienne, à Tournon, à Valence, à

Montelimart, à Avignon, à Arles, et va se perdre dans le golfe de Lyon.

D. A combien de departements donne-t-il son nom?

R. A deux; celui du Rhône, chef-lieu, *Lyon;* et celui des Bouches-du-Rhône, chef-lieu, *Marseille.*

ROER.

D. Quel est le cours de la Roër?

R. La Roër prend sa source dans le département de l'Ourthe; passe à Montjoie, Duren, Juliers, Linnich, et se jette dans la Meuse à Ruremonde. Elle donne son nom à un département, celui de la Roër, chef-lieu, *Aix-la-Chapelle.*

SAMBRE.

D. Quel est le cours de la Sambre?

R. La Sambre a sa source dans le département de l'Aisne, près de la Capelle, passe à Landrecies, à Maubeuge, à Charleroi, et se jette dans la Meuse à Namur. Elle est navigable depuis Landrecies jusqu'à Maubeuge, par le moyen des écluses. Elle donne son nom à un département, celui de Sambre-et-Meuse, chef-lieu, *Namur.*

SAÔNE.

D. Quel est le cours de la Saône?

R. La Saône prend sa source au pied des Vosges, passe à Gray, à Auxonne, où elle devient navigable, à Châlons, à Macon, et se joint au Rhône à Lyon. Elle donne son nom à deux départements; savoir, celui de la Haute-Saône, chef-lieu, *Vesoul;* et celui de Saône-et-Loire, chef-lieu, *Mâcon.*

SARRE.

D. Quel est le cours de la Sarre?

R. La Sarre prend sa source dans le département des Vosges aux environs de Salm; arrose Sarrebourg, Fénestrange, Saralbe, où elle commence à être navigable, Sarguemines, Sarrebruck, Sarrelibre, et se jette dans la Moselle un peu au-dessus de Trèves. Elle donne son nom à un département, celui de la Sarre, chef-lieu, *Trèves.*

SARTHE.

D. Quel est le cours de la Sarthe?

R. La Sarthe prend sa source dans le département de l'Orne, arrose Frenay, le

Mans, et se perd dans la Mayenne, au-dessus d'Angers. Elle commence à être navigable à quelques lieues au-dessus du Mans. Elle donne son nom à un département, celui de la Sarthe, chef-lieu, *le Mans*.

SEINE.

D. Quel est le cours de la Seine?

R. La Seine prend sa source dans le département de la Côte-d'Or, passe à Troyes, où elle commence à porter bateau, à Melun, à Paris, à Rouen, et se jette dans l'Océan au Havre-de-Grâce. Elle donne son nom à quatre départements; savoir, celui de Seine-et-Marne, chef-lieu, *Melun*; celui de Seine-et-Oise, chef-lieu, *Versailles*; celui de la Seine, chef-lieu, *Paris*; et celui de la Seine-Inférieure, chef-lieu, *Rouen*.

SÉSIA.

D. Quel est le cours de la Sésia?

R. La Sésia a sa source au pied des Alpes, traverse la vallée du même nom, et va tomber dans le Pô, au-dessous de Casal. Elle donne son nom à un département, celui de la Sésia, chef-lieu, *Verceil*.

SÈVRES.

D. Quel est le cours des deux Sèvres ?

R. Ces deux rivières prennent leur source dans le département de ce nom ; l'une se jette dans la Loire à Nantes, et s'appelle *Sèvre-Nantoise* ; l'autre passe à Niort, et se perd dans la mer ; on la nomme *Sèvre-Niortoise*. Elles donnent leur nom à un département, celui des Deux-Sèvres, chef-lieu, *Niort*.

SOMME.

D. Quel est le cours de la Somme ?

R. La Somme prend sa source dans le département de l'Aisne, à quelques lieues de Saint-Quentin. Elle passe à Saint-Quentin, à Péronne, à Bray, à Amiens, à Abbeville, et va se jeter dans la Manche, entre le Crotoy et Saint-Valery. Elle est navigable depuis Bray, et communique avec l'Oise par le canal de Saint-Quentin.

D. A combien de départements donne-t-elle son nom ?

R. A un seul ; c'est celui de la Somme, chef-lieu, *Amiens*.

STURA.

D. Quel est le cours de la Stura ?

R. Cette rivière prend sa source dans la partie orientale de la vallée de Barcelonnette, arrose Coni, Fossano, et se rend dans le Tanaro, au-dessous de Chérasco........

D. A combien de départements donne-t-elle son nom ?

R. A un seul; celui de la Stura, chef-lieu, *Coni*.

TARN.

D. Quel est le cours du Tarn ?

R. Cette rivière prend sa source au mont Lozère et va se jeter dans la Garonne, au-dessous de Moissac. Elle commence à être navigable à Gaillac, et facilite le transport des vins de ce pays à Bordeaux.

D. A combien de départements le Tarn donne-t-il son nom ?

R. A deux; celui du Tarn, chef-lieu, *Alby*; et celui de Tarn-et-Garonne, chef-lieu, *Montauban*.

TARO.

D. Quel est le cours du Taro ?

R. Le Taro prend sa source dans le département de Gênes, baigne Coupiano, Borgo-di-Taro, Fornove, et va se joindre au Pô, à 4 lieues au-dessous de Crémone. Il donne son nom à un département, celui du Taro, chef-lieu, *Parme.*

TIBRE.

D. Quel est le cours du Tibre ?

R. Le Tibre sort de l'Apennin, et se jette dans la mer, à Ostie, au S. O. de Rome. Ce fleuve avoit d'abord donné son nom à un département qui depuis a été appelé département de Rome, chef-lieu, *Rome.*

VAR.

D. Quel est le cours du Var ?

R. Cette rivière prend sa source vers les confins de la vallée de Barcelonnette, passe à Guillaume, à Entrevaux, et se perd ensuite dans la Méditerranée, entre Nice et Antibes, après 25 lieues de cours. Cette rivière ne porte point bateau.

D. A combien de départements donne-t-elle son nom ?

R. Elle donne son nom à un département, celui du Var, chef-lieu, *Draguignan*.

VENDÉE.

D. Quel est le cours de la Vendée ?

R. Cette rivière prend sa source dans le département de ce nom, près de la Châteigneraye, arrose Fontenay-le-Comte, où elle commence à porter bâteau, et se jette dans la Sèvre Niortoise, à deux lieues au-dessus de Marans. Elle donne son nom à un département, celui de la Vendée, chef-lieu, *Napoléon*.

VIENNE.

D. Quel est le cours de la Vienne ?

R. La Vienne sort des montagnes du département de la Corrèze, passe à Châtellerault, où elle devient navigable, et se jette dans la Loire, à 2 lieues E. de Saumur. Elle donne son nom à deux départements, celui de la Haute-Vienne, chef-lieu, *Limoges*; et celui de la Vienne, chef-lieu, *Poitiers*.

VILAINE.

D. Quel est le cours de la Vilaine ?

R. Elle a sa source près d'Ernée, arrose

Vitré, Rennes, Redon, et va se perdre dans l'Océan.

D. A combien de départements donne-t-elle son nom ?

R. A un seul ; celui d'Ille-et-Vilaine, chef-lieu, *Rennes*.

WESER.

D. Quel est le cours du Weser ?

R. Le Weser se forme des deux rivières, de la Werra et de la Fulde, passe à Hoxter, à Hameln, à Rinteln, à Minden, à Pétersbagen, à Niembourg, à Hoya, à Brême, et se jette dans la mer du Nord.

D. A combien de départements le Weser donne-t-il son nom ?

R. A un seul département ; celui des Bouches-du-Weser, chef-lieu, *Brême*.

YONNE.

D. Quel est le cours de l'Yonne ?

R. Elle a sa source dans le département de la Nièvre, et va se jeter dans la Seine à Montereau. Elle commence à être navigable depuis Clamecy. Elle sert à conduire à

Paris des vins, des charbons, de l'avoine et du foin.

D. A combien de départements donne-t-elle son nom ?

R. A un département; celui de l'Yonne, chef-lieu, *Auxerre*.

YSSEL.

D. Quel est le cours de l'Yssel ?

R. L'Yssel a sa source dans le duché de Clèves, passe à Ysselbourg, Anholt, Doesbourg, se jette dans un bras du Rhin, que l'on appelle pareillement *Yssel*, et qui passe à Zutphen, à Deventer, à Hattem, et se décharge dans le Zuyderzée.

D. A combien de départements l'Yssel donne-t-il son nom ?

R. A deux départements; savoir, celui de l'Yssel-Supérieur, chef-lieu, *Arnheim*; et celui des Bouches-de-l'Yssel, chef-lieu, *Zwol*.

PORTS DE L'EMPIRE FRANÇOIS.

D. Quels sont les principaux ports de l'Empire françois ?

R. Ce sont,

1°. Sur la mer d'Allemagne, *Amsterdam*, *Rotterdam*, *la Brille*, *Middelbourg*, *Flessingue*, *Ostende* ;

2°. Sur le Pas-de-Calais, *Dunkerque*, *Calais*, *Boulogne* ;

3°. Dans la Manche, *Dieppe*, *le Hâvre*, *Cherbourg*, etc. ;

4°. Sur l'Océan, *Granville*, *Saint-Malo*, *Brest*, *l'Orient*, *Nantes*, *la Rochelle*, *Rochefort*, *Bordeaux*, *Bayonne* ;

5°. Sur la Méditerranée, *Cette*, *Marseille*, *Toulon*, *Antibes*, *Nice*, *Oneille*, *Port-Maurice*, *Gênes* et *Livourne*.

VOYAGE

DE MARSEILLE A NANTES (1).

Je pars de *Marseille*, chef-lieu de préfecture du département des Bouches-du-Rhône, après en avoir admiré le port, qui est un des plus sûrs et des plus fréquentés de la Méditerranée, m'être rappelé avec attendrissement le dévouement de l'évêque Belzunce, et avoir donné quelques souvenirs aux grands hommes qui ont pris naissance dans cette ville, tels que *Pythéas*, *Mascaron*, *Puget*, *Plumier*, le comte de *Muy* et *du Marsais*, etc. Je quitte donc Marseille et j'arrive à *Aix*, cette ville si renommée par ses excellentes huiles et par

(1) Il est très-utile de faire faire aux élèves de petits voyages sur la carte. On peut rendre ces voyages fort intéressants par les souvenirs que l'on attache aux différents lieux que l'on parcourt. Les deux petits voyages que je donne ici, ont été rédigés par mademoiselle *Amélie Bienassis*, une de mes élèves.

les grands hommes qu'elle a vus naître, parmi lesquels on distingue principalement les frères Jean-Baptiste et Charles-André *Vanloo*, le musicien *Campra*, *Brueys*, le marquis d'*Argens* et *Mirabeau*. Aix est une des plus belles et des plus agréables villes de la France; c'est un chef-lieu de sous-préfecture du département des Bouches-du-Rhône. Je pars d'Aix, et j'arrive à *Lambesc*, ville jolie et agréablement située; je passe ensuite à *Saint-Remy*, où naquit *Nostradamus*; à *Tarascon*, autre chef-lieu de sous-préfecture du département des Bouches-du-Rhône; j'entre dans le département du Gard, et j'arrive à *Beaucaire*, en traversant le Rhône sur le pont de bateaux, qui fait communiquer cette ville à Tarascon; comme c'est au mois de juillet, je vois à Beaucaire, une quantité prodigieuse de marchands réunis sous des tentes dressées dans des prairies; et je reconnois cette foire si célèbre, qui se tient tous les ans dans cette ville, le 22 du mois de juillet. J'arrive ensuite à *Nismes*, chef-lieu de préfecture du département du Gard; je m'arrête quelques jours dans cette ville, et je vais visiter le fameux pont du Gard. C'est un ouvrage magnifique des Romains, et qui est très-bien conservé; il est composé de trois rangs d'arches les unes au-dessus des autres. Je quitte la ville de Nismes, et je passe à *Anduse*, aux environs de laquelle est le château de Florian, où naquit le charmant poëte et littérateur Florian. J'entre dans le département de la Lozère; je passe à *Florac*, un des chefs-lieux de sous-préfectures de ce département; je remarque, dans cette ville, le clocher de la cathédrale et les fontaines. Je passe ensuite à *Saint-Chely*; et j'entre dans le département du Cantal; j'arrive à *Saint-Flour*, un des chefs-lieux de sous-préfectures de ce département. Cette ville est située sur une montagne de difficile accès; c'est la patrie du poëte *du Belloy*. J'entre ensuite dans dans le département de la Loire; mais je ne passe dans aucun lieu remarquable, jusqu'à ce que je sois entré dans le département de Puy-de-Dôme. J'arrive à *Issoire*, un des chefs-lieux de sous-préfectures de ce département. Cette ville a vu naître le cardinal *Duprat*, chancelier de France sous François Ier. Je passe ensuite à *Clermont-Ferrand*, chef-lieu de préfecture du département du Puy-de-Dôme ; je trouve les rues de cette ville bien étroites, mais les promenades et les places publiques en sont très-belles ; j'y vois une muraille qui a été formée insensiblement par les eaux pétrifiantes d'une source ; ce mur est haut, en certains endroits, de 15 à 20 pieds. C'est à Clermont que le pape Urbain II prêcha la première croisade en 1095 ; c'est aussi dans cette ville que sont nés *Pascal*, *Domat* et l'abbé *Girard*. *Thomas*, poëte et orateur, naquit aux environs de Clermont. En sortant de cette ville, je vais à *Pont-Gibaut*, qui a, dans son voisinage, des eaux minérales ferrugineuses. J'entre ensuite dans le département de la Creuse ; je passe à *Aubusson*, un des chefs-lieux de sous-préfectures de ce département, et qui est si renommé par ses tapisseries ; je vais ensuite à *Bourganeuf*, autre chef-lieu de sous-préfecture du département de la Creuse ; j'y vois une tour que *Zizim*, frère de Bajazet, fit bâtir, lorsqu'après avoir perdu une bataille décisive contre son frère, il s'expatria, et vint se réfugier dans Bourganeuf. En quittant cette ville, j'entre dans le département de la Haute-Vienne ; je passe à *Saint-Léonard*, et j'arrive à *Limoges*, chef-lieu de préfecture de ce département. Cette ville offre à mon souvenir le chancelier d'*Aguesseau* qui y prit naissance. Je passe ensuite à *Bellac*, un des chefs-lieux de sous-préfectures du même département. J'entre dans le département de la Vienne, je passe à *Lussac* et j'arrive à *Poitiers*, chef-lieu de préfecture du même département, et dont les environs ont été témoins de deux batailles célèbres, dont l'une fut gagnée par *Clovis* sur *Alaric*; et l'autre par le prince de *Galles* sur le roi *Jean*, qui y fut fait prisonnier. Poitiers a une très-belle promenade et une cathédrale qui est d'un goût gothique. Je vais ensuite à *Lusignan*, et j'entre dans le département des Deux-Sèvres; j'arrive à *Saint-Maixent*; j'y passe la Sèvre-Niortoise sur un superbe pont de construction moderne. J'arrive ensuite à *Niort*, chef-lieu de préfecture du département des Deux-Sèvres. Cette ville représente à ma mémoire la célèbre madame de *Maintenon*, qui y naquit dans une prison, et qui étoit destinée à éprouver toutes les rigueurs et toutes les faveurs de la fortune. J'entre ensuite dans le département de la Vendée; je passe à *Fontenay-le-Comte*, qui étoit autrefois chef-lieu de préfecture de ce département, et qui a donné naissance au physicien *Brisson*. Je passe à *Sainte-Hermine*, à *Saint-Fulgent*, à *Montaigu*, un des chefs-lieux de sous-préfectures du département de la Vendée. J'entre ensuite dans le département de la Loire-Inférieure, et j'arrive à *Nantes*, chef-lieu de préfecture de ce département. De toutes les villes que je viens de parcourir, celle de Nantes est la plus belle. Elle est très-peuplée et très-commer-

nte ; la situation en est charmante ; ses
ais jouissent d'une superbe vue que leur
ocurent et l'aspect de la Loire chargée de
vires et de bateaux de toute espèce, et
 îles charmantes, et une vaste et riante
npagne en amphithéâtre. Nantes a atta-
 son nom au fameux édit que Henri IV
ina, en 1598, en faveur des protestants,
que Louis XIV révoqua en 1685.

çante; la situation en est charmante; ses quais jouissent d'une superbe vue que leur procurent et l'aspect de la Loire chargée de navires et de bateaux de toute espèce, et des îles charmantes, et une vaste et riante campagne en amphithéâtre. Nantes a attaché son nom au fameux édit que Henri IV donna, en 1598, en faveur des protestants, et que Louis XIV révoqua en 1685.

RETOUR
DE NANTES A MARSEILLE,
PAR EAU.

Je pars de *Nantes*, chef-lieu de préfecture du département de la Loire-Inférieure; je m'y embarque sur la Loire, pour remonter ce fleuve; je laisse à ma gauche *Ancenis*, un des chefs-lieux de sous-préfectures du département de la Loire-Inférieure; je passe entre ce département et celui de Maine-et-Loire; je vois à ma gauche *Saint-Florent*, ville qui appartient au dernier département; je remarque aussi du même côté, *Ingrande*, puis *Pont-de-Cé*, qui représente à ma mémoire la défaite de l'armée de Marie de Médicis, en 1620, et la sanglante bataille qui s'y livra contre les Vendéens pendant la guerre de la révolution; je trouve ensuite, à droite, la ville de *Saumur*, un des chefs-lieux de sous-préfectures du département de Maine-et-Loire ; cette ville offre à mon souvenir *Anne Lefèvre*, fille de Tanneguy Lefèvre, connue sous le nom de madame *Dacier*, qui y naquit. J'entre ensuite dans le département d'Indre-et-Loire, je laisse à gauche *Langeais*, *Luynes*, et je trouve à ma droite *Tours*, chef-lieu de préfecture du même département ; je m'arrête quelques jours dans cette ville ; je vais visiter la cathédrale, qui est un très-bel édifice gothique, et qui est sur-tout remarquable par la richesse de son portail ; j'admire la beauté du pont que cette ville a sur la Loire. En quittant Tours, je donne des souvenirs au poëte comique, *Néricault-Destouches*, qui y prit naissance, et à Antoine *Ducerceau*, qui mourut subitement dans le village de *Véret*, près de Tours. Je pars enfin de cette ville, et je me rembarque sur la Loire ; je continue de remonter ce fleuve ; je laisse à ma droite *Amboise*, j'entre dans le département de Loir-et-Cher ; je passe à *Blois*, chef-lieu de préfecture de ce département ;

je m'arrête aussi dans cette ville ; j'y vois un pont magnifique, remarquable par une pyramide haute de plus de cent pieds, et d'un travail délicat ; je remarque beaucoup d'esprit et de politesse chez les habitants de Blois ; je vais aussi visiter le château où le duc de Guise fut tué en 1588 ; j'y vois la pierre sur laquelle il s'appuya en tombant, et qui fut la première teinte de son sang, lorsque ses assassins le frappèrent. Ce château, cette pierre me rappellent les vers de Voltaire au sujet de la mort du duc :

C'est ainsi que mourut ce sujet tout-puissant,
De vices, de vertus, assemblage éclatant ;
Le roi, dont il ravit l'autorité suprême,
Le souffrit lâchement et s'en vengea de même.

Je pars enfin de Blois ; je m'embarque de nouveau sur la Loire ; j'entre dans le département du Loiret ; je laisse à ma gauche *Beaugency*, *Méhun*, et je trouve à droite *Orléans*, chef-lieu de préfecture du même département ; ma curiosité m'invite à m'arrêter encore pour voir ce qu'il y a de plus remarquable dans cette ville ; j'y trouve un pont d'une construction hardie, légère et solide ; les rues sont larges, et les promenades jolies ; la cathédrale est magnifique. En me rembarquant, je donne quelques souvenirs à la fameuse *Jeanne d'Arc*, cette fille si extraordinaire, qui, à l'âge de 17 ans, se mit à la tête des troupes françoises, fit lever le siége d'Orléans, conduisit ensuite le roi Charles VII à Reims, où il fut sacré ; et qui, enfin, fut brûlée toute vive à Rouen, par les Anglois, qui la regardoient comme une sorcière ; elle étoit née au village de Domremy, dans le département des Vosges. Je continue mon voyage ; je laisse à droite *Sully*, patrie de *Desmahis*, auteur de la petite comédie de *l'Impertinent*. Je cotoie la petite ville de *Gien*, un des chefs-lieux de sous-préfectures du département du Loiret ; j'y passe sous un très-beau pont de pierre ; je vois ensuite, à droite, *Châtillon* ; je passe entre le département du Cher et le département de la Nièvre ; je trouve à gauche, *Cosne*, ville renommée par sa coutellerie; c'est un des chefs-lieux de sous-préfecture du département de la Nièvre; et *Pouilly*, dont les vins blancs sont estimés. Je passe ensuite à *la Charité*, sous un beau pont de pierre, et j'arrive à *Nevers*, chef-lieu du même département; cette ville est bâtie en amphithéâtre et a un pont d'une belle étendue; elle a produit le menuisier Adam *Billaut*, ou simplement maître *Adam*, qu'on appeloit communément *le Virgile au rabot*. Je passe ensuite entre le département de l'Allier et le département de Saône-et-Loire; j'arrive à *Digoin*, où je m'embarque sur le canal de *Charolles*, qui me conduit à *Châlons-sur-Saône*; c'est une jolie ville, située dans une charmante plaine; elle a un très-beau quai; je vois l'appareil du commerce dans cette ville; elle est un des chefs-lieux de sous-préfectures du département de Saône-et-Loire; je m'y embarque sur la Saône, je descends ce fleuve, et je vois à droite, *Tournus*, qui rappelle à ma mémoire le peintre Jean-Baptiste *Greuze*, qui y prit naissance. Je passe entre le département de l'Ain et celui de Saône-et-Loire ; je cotoie *Mâcon*, dont les vins sont si estimés, et qui est chef lieu de préfecture du dernier département ; j'y passe sous un beau pont de pierre. Je passe ensuite entre le département de l'Ain et celui du Rhône ; j'entre dans le département du Rhône, et j'arrive à *Lyon*, qui en est le chef-lieu de préfecture ; c'est une ville située au confluent de la Saône et du Rhône ; je m'arrête quelques jours dans cette ville, j'y vois des quais et des ponts superbes, des places vastes, et de très-beaux édifices publics ; elle conserve quelques vestiges des magnifiques ouvrages des Romains ; je vais visiter ses fabriques d'or, d'argent, de soie, etc., etc., tout ce que je vois dans cette ville, excite mon admiration ; cependant, je trouve les rues trop étroites, et les maisons particulières trop économiquement bâties. En quittant Lyon, ma mémoire me rappelle les empereurs *Claude* et *Marc-Aurèle*, les frères *Audran*, et plusieurs hommes illustres qui y sont nés. Je descends le Rhône,

Je passe entre le département de l'Isère et celui du Rhône; je trouve à gauche *Vienne*, un des chefs-lieux de sous-préfectures du département de l'Isère, et dont les environs sont si renommés par leurs vins, connus sous le nom de vins de *Côte-Rôtie*. Je passe entre le département de la Loire et celui de l'Isère; puis, entre ce dernier et celui de l'Ardèche; et ensuite, entre le département de l'Ardèche et celui de la Drôme. Je laisse à ma droite *Tournon*, qui est un chef-lieu de sous-préfecture du département de l'Ardèche; je vois ensuite, à gauche, la petite ville de *Thain*, aux environs de laquelle se récoltent les vins estimés de *l'Hermitage*; je trouve sur la rive gauche du Rhône, *Valence*, chef-lieu de préfecture du département de la Drôme. Cette ville me rappelle le pape Pie VI, célèbre par ses malheurs, sa patience, sa résignation, et qui y mourut en 1799, à l'âge de quatre-vingts ans; son corps fut transporté à Rome en 1802, et ses entrailles furent rapportées l'année suivante de Rome à Valence, et placées solennellement dans le mausolée que le gouvernement françois a érigé à la mémoire de ce saint pontife. En quittant Valence, je continue de descendre le Rhône ; je laisse à ma droite *Viviers ;* je passe ensuite entre le département du Gard et celui de Vaucluse, j'arrive à *Pont-Saint-Esprit*, ville située sur la rive droite du Rhône ; j'y passe ce fleuve sous un fameux pont, que l'on dit être un des plus beaux de l'Europe ; enfin, j'arrive à *Avignon*, ville située sur la rive gauche du Rhône, renommée pour la beauté de ses remparts, et chef-lieu de préfecture du département de Vaucluse ; c'est près de cette ville que des pêcheurs trouvèrent dans le Rhône, en 1656, un bouclier d'argent qui se voit à Paris dans le cabinet des médailles, et sur lequel est représentée l'action du jeune *Scipion*, rendant une jeune et belle princesse, sa captive, à un prince des Celtibériens, à qui elle avoit été promise ; je pars d'Avignon ; je passe entre le département des Bouches-du-Rhône et le département du Gard ; je trouve à gauche *Tarascon*, un des chefs-lieux de sous-préfectures du département des Bouches-du-Rhône ; je laisse du même côté, la ville d'*Arles*, près de laquelle les troupes réunies de Clovis, roi de France, et de Gondebaud, roi de Bourgogne, furent défaites par Ibba, général du fameux Théodoric, roi des Ostrogoths ; enfin, j'arrive à l'embouchure du Rhône ; j'entre dans la Méditerranée ; et, après avoir fait un petit trajet sur cette mer, je débarque à Marseille, chef-lieu de préfecture du département des Bouches-du-Rhône.

FIN.

On trouve chez M. LE PRIEUR et chez M. LE TELLIER, les articles suivants :

Abeille (la nouvelle) du Parnasse, ou choix de poésies françoises, 1 vol. in-18, fig. 1 fr.

Etudes convenables aux Demoiselles, 2 vol. in-12, 5 fr.

Fables de Florian, 1 vol. in-18, 1 fr.

Géographie élémentaire de Letellier, 1 vol. in-12, 3 fr. 25 c.

Henriade, avec les variantes et différentes pièces appartenantes à ce Poëme, etc., 1 vol. in-12, 2 fr.

Histoire de Duguesclin, par Guyard de Berville, 2 vol. in-12, rel. 6 fr.

J. B. Rousseau (Œuvres choisies de), 1 vol. in-18, rel. 2 fr.

Morale enseignée par l'exemple, ou choix d'Anecdotes, traits historiques, etc., 1 vol. in-12 orné de 46 sujets gravés, rel. 3 fr. 25 c.

Plutarque de la jeunesse, orné de portraits, 4 vol. in-12, rel. 10 fr.

Religion (Poëme de la), 1 vol. in-18, rel. 1 fr. 50 c.

Traité des études, par Fleury, (ouvrage très-estimé) 1 vol. in-12, rel. 2 fr. 25 c.

Trésor (le) des enfants, 1 vol. in-12, orné de vignettes en taille-douce, rel. 2 fr. 25 c.

Grammaire françoise d'après Lhomond, par Charles-Constant Letellier, 11e. édition, 1 fr. 25 c.

Grammaire latine (Rudiment) de Lhomond, revue, corrigée et augmentée par C. C. Letellier, 5e. édit. 1 fr. 50 c.

Géographie des Commençants, par C. C. Letellier, 6e. édition, 1 fr. 25 c., cart.

Phædri et Faerni fabulæ, editio recensita et notis gallicis illustrata à Carolo Constanti Letellier, 1 fr. 25 c. cart.

Instruction sur l'Histoire de France, par Charles-Constant Letellier, ornée de 72 portraits en taille-douce, 2 vol. in-12, rel. 6 fr.

Abécédaire moral, ou leçons tirées de l'Écriture sainte, orné de 31 jolies gravures représentant les principaux traits de l'ancien et du nouveau Testament. 1 fr.

Abécédaire utile, ou Petit Tableau des Arts et Métiers, orné de 26 fig., 75 c.

Abécédaire instructif et amusant, contenant des Fables, des fragments d'Histoire naturelle, etc., orné de 26 fig., 75 c.

Abécédaire Mythologique, ou petits Sujets tirés de l'Histoire des Dieux. 75 c.

Le Nid de Fauvette, ou Abécédaire ornithologique, contenant des Leçons tirées de l'Histoire naturelle des Oiseaux. 1 fr. 25 cent., et 1 fr. 50 cent. enluminé.

Buffon (le) de la jeunesse, ou Abrégé de l'Histoire des trois règnes de la Nature, rédigé par P. Blanchard, 3e. édition, corrigée et augmentée, 5 vol. in-12, 12 fr.

Découverte (la) de l'Amérique, par Campe; 3 vol. in-12, ornés de 31 fig. et 2 cartes. 6 fr.

Le Voyageur de la jeunesse dans les quatre parties du monde; ouvrage élémentaire, rédigé par Pierre Blanchard; 2e. édition, corrigée et augmentée, 6 vol. in-12 de près de 3000 pag. 18 fr.

Nouveau (le) Robinson, pour servir à l'amusement et à l'instruction des enfants des deux sexes; ouvrage trad. de l'allemand de Campe, 2 vol. in-12. Quatrième et jolie édition, ornée de 32 nouvelles gravures. 6 fr.

Nouveau (le) Secrétaire François; ou modèles de lettres sur toutes sortes de sujets, avec leurs réponses, 1 vol. in-12, troisième édition, revue et corrigée. 1 fr. 25 c.

Nouveaux Ornements de la mémoire, ou morceaux choisis dans les plus célèbr. poëtes françois; seconde édition, revue et corrigée. 1 vol. in-12, 2 fr. 50 c.

www.ingramcontent.com/pod-product-compliance
Ingram Content Group UK Ltd.
Pitfield, Milton Keynes, MK11 3LW, UK
UKHW021232230726
13926UKWH00003B/1399